Veste Heldburg

Amtlicher Führer

2., vollständig überarbeitete Auflage
verfasst von Niels Fleck, G. Ulrich Großmann
und Helmut-Eberhard Paulus

STIFTUNG THÜRINGER SCHLÖSSER UND GÄRTEN

Titelbild: Veste Heldburg, Luftaufnahme von Südwesten
Umschlagrückseite: Französischer Bau, Herrenerker, Detail

Impressum

Abbildungsnachweis
Azim Akcivan: S. 71 unten; Bistumsarchiv Erfurt: S. 28 rechts; Deutsches Burgenmuseum: S. 25, 84, 86, 87, 88; Germanisches Nationalmuseum: S. 85; Herzog Anton Ulrich-Museum Braunschweig: S. 13; Meininger Museen: S. 19; Privatbesitz: S. 8, 38; Stiftung Thüringer Schlösser und Gärten: 31, 42, 46 links, 48, 52, 60, 61; Stiftung Thüringer Schlösser und Gärten (Foto: Constantin Beyer): S. 4, 6, 11, 16, 21, 26/27, 32, 33, 36, 39, 44, 46 rechts, 53, 55, 58, 62, 64, 66, 67, 68, 70, 71 oben, 72, 75, 78, 80, 81, 96; Stiftung Thüringer Schlösser und Gärten (Foto: Nürnberg Luftbild, Hajo Dietz): Titelbild, S. 23; Thüringisches Staatsarchiv Gotha (Geheimes Archiv OO II Nr. 9, Bl. 163): S. 15, (Vermischte Kammerakten Sachsen-Meiningen Nr. 114, Bl. 17): S. 28 links, (Vermischte Kammerakten Sachsen-Meiningen Nr. 81, Bl. 2): S. 35; Thüringisches Staatsarchiv Meiningen (Hofbauamt, Mappe 11): S. 24; Repro aus: Deutsche Renaissance, hg. von August Ortwein und August Scheffers, Leipzig 1882, Abth. 48: S. 34; Repro aus: Die Gartenlaube, 1872, H. 7: S. 17

Gestaltung
Edgar Endl, Deutscher Kunstverlag

Satz
Angelika Bardou, Deutscher Kunstverlag

Reproduktionen
Birgit Gric, Deutscher Kunstverlag

Druck und Bindung
Grafisches Centrum Cuno, Calbe

Bibliografische Information der Deutschen Nationalbibliothek
Die Deutsche Nationalbibliothek verzeichnet diese Publikation in der Deutschen Nationalbibliografie; detaillierte bibliografische Daten sind im Internet über http://dnb.dnb.de abrufbar.

2., vollständig überarbeitete Auflage 2016
Deutscher Kunstverlag GmbH Berlin München
Paul-Lincke-Ufer 34, 10999 Berlin
www.deutscherkunstverlag.de

ISBN 978-3-422-02427-4

Inhaltsverzeichnis

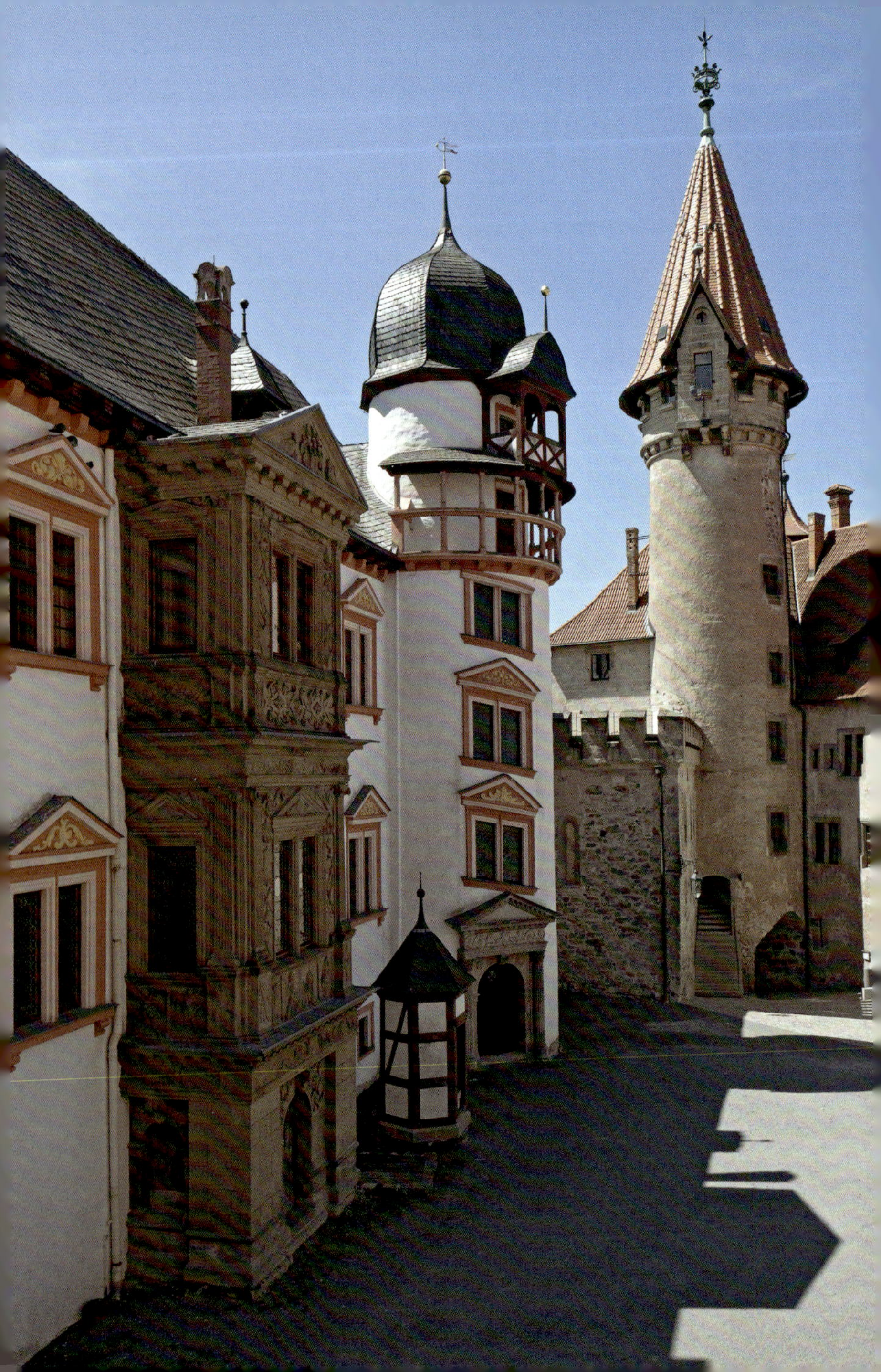

Vorwort des Herausgebers

Im Jahr 1990, noch vor dem Vollzug der deutschen Wiedervereinigung, war die Veste Heldburg das Ziel einer denkmalpflegerischen Rettungsmaßnahme, die durch eine Kooperation des Bayerischen und des Thüringischen Landesamtes für Denkmalpflege und eine Anschubfinanzierung der Messerschmitt-Stiftung München auf den Weg gebracht wurde. Schon damals hätten sich alle gewünscht, dass die Anlage wieder bald zum öffentlichen Denkmal im Sinne des Testaments von Georg II. von Sachsen-Meiningen werden könnte. Diese testamentarische Bestimmung zum Besichtigungsort und zur Erinnerungsstätte in Gestalt eines Gesamtkunstwerks mit musealer Präsentation schien jedoch in den ersten Aufbaujahren nach der Wiedervereinigung zunächst noch ein unrealistisches Ziel zu sein. Erst im Jahr 2006 bot sich mit der von der Wartburg-Gesellschaft konzipierten Idee eines Deutschen Burgenmuseums auf der Veste Heldburg eine derartige Perspektive. Eine Voraussetzung dafür war die Übernahme der Veste in das Eigentum der Stiftung Thüringer Schlösser und Gärten schon zum 25. Oktober 1994. Damit war der Auftrag verbunden, die Anlage als kulturhistorisch bedeutsames Kulturgut des Landes Thüringen zu erhalten und der Öffentlichkeit allgemein zugänglich zu machen.

Unsere Stiftung verfolgt das Ziel, das anvertraute Kulturgut in einem ganzheitlichen Sinne zu pflegen, zu erforschen und zu erschließen. Damit wird der Weg bereitet, die kulturellen Werte im Sinne eines lebendigen Tradierens und aktiver Vermittlung öffentlich zu präsentieren. Die Schlösser und Burgen sollen so als geschichtliche Zeugnisse und Raumkunstwerke zugleich in den mehrschichtigen Zusammenhang von Residenzkultur und Landesgeschichte gesetzt werden. Die Amtlichen Führer leisten hierbei in bewährter Weise einen Beitrag zur unmittelbaren Erlebbarkeit der Denkmale innerhalb der Thüringer Kulturlandschaft.

Wie bei den Amtlichen Führern der Schlösserverwaltungen in öffentlicher Trägerschaft üblich, gliedert sich der durchgehend bebilderte Textbeitrag in einen geschichtlichen Abriss, eine Bestandsbeschreibung der Architektur, die künstlerische Würdigung der Anlage und in einen Rundgang. Ergänzend treten die Zeittafel und ein Lageplan hinzu. Nach Inhalt und Ausstattung ist der Amtliche Führer auch ein Spiegel der engen öffentlichkeitsorientierten Zusammen-

◀ Hofansicht nach Westen

arbeit der Stiftung Thüringer Schlösser und Gärten mit den weiteren kulturellen Einrichtungen auf Landesebene und vor Ort.

Als fachkundiger Autor für den größten Teil der Texte dieses Amtlichen Führers konnte Herr Dr. Niels Fleck gewonnen werden. Die Vorstellung des Deutschen Burgenmuseums übernahm Herr Prof. Dr. G. Ulrich Großmann. Die Aufgaben und Ziele der Stiftung Thüringer Schlösser und Gärten stellte Herr Prof. Dr. Helmut-Eberhard Paulus vor. Für den Abbildungsteil konnte überwiegend auf das Bildarchiv der Stiftung Thüringer Schlösser und Gärten zurückgegriffen werden. Das Lektorat übernahm Frau Dr. Susanne Rott. Dem Deutschen Kunstverlag in München und Berlin ist für die Aufnahme der Publikation in das Verlagsprogramm zu danken. Ein abschließender Dank gilt allen, die sich darüber hinaus an der Herstellung und Bebilderung dieser Publikation beteiligten.

Prof. Dr. Helmut-Eberhard Paulus
Direktor der Stiftung Thüringer Schlösser und Gärten

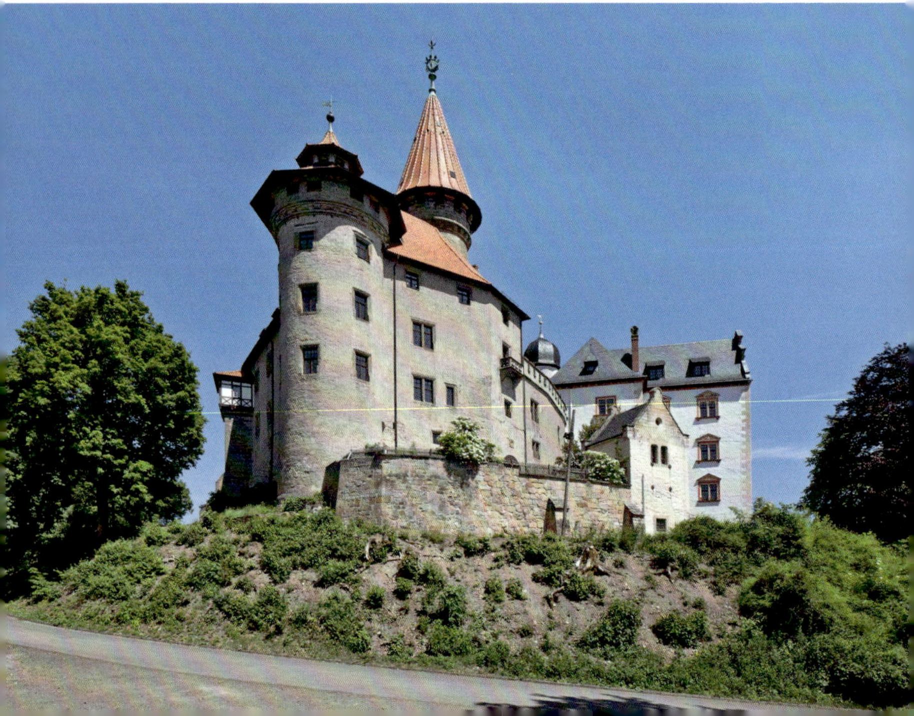

Einführung

Mit ihrer exponierten Lage auf einem 403 Meter hohen Bergkegel verfügt die Veste Heldburg über eine außerordentliche Fernwirkung, weit über das Heldburger Unterland hinaus. Sie ist bei guter Sicht von der Veste Coburg aus sichtbar und gewährt einen Rundblick, der südwärts bis zum Kloster Banz, in nordwestlicher Richtung bis zur Rhön sowie im Norden bis zu den Rennsteighöhen des Thüringer Waldes reicht. Wie archäologische Untersuchungen gezeigt haben, war der vulkanisch geprägte Berg bereits in der frühen Eisenzeit Sitz einer befestigten Siedlung. Einzelne Funde verweisen sogar auf die Jungsteinzeit. Eine mittelalterliche Höhenburg entstand hier wohl spätestens im 12. Jahrhundert. Anfang des 14. Jahrhunderts zum Amtssitz und wichtigen Verteidigungsposten der Grafen von Henneberg aufgestiegen, gelangte die Heldburg 1374 erblich an die Wettiner. In deren 1485 gegründeter ernestinischer Linie verblieb sie bis 1945. Gleichermaßen die Fernwirkung wie die jahrhundertelange Wach- und Schirmfunktion brachten der Veste Heldburg den Beinamen »Fränkische Leuchte« ein. Mittels Feuersignalen, so beschreibt es eine Verteidigungsordnung aus dem Jahr 1525, war von hier aus bei drohenden Angriffen der Wächter auf der Veste Coburg zu alarmieren.

Als südlicher Vorposten der ernestinischen Territorien diente die Heldburg in der Frühen Neuzeit auch in hohem Maße repräsentativen Interessen. Ausbau und Überformung der mittelalterlichen Burganlage sind auf einige der prominentesten sächsischen Fürsten zurückzuführen. Kurfürst Friedrich der Weise ließ die Anlage um 1500 wesentlich erneuern und für herrschaftliche Aufenthalte herrichten. Herzog Johann Friedrich II. wandelte die Burg um 1560 schließlich in ein repräsentatives Bergschloss um. Der damals entstandene Französische Bau zählt zu den eindrucksvollsten Renaissancearchitekturen in Deutschland. Er zeugt unmittelbar von den ambitionierten Bestrebungen des tragischen Herzogs, die im Schmalkaldischen Krieg verlorene Kurwürde zurückzugewinnen. Unter Ernst dem Frommen von Sachsen-Gotha und seinem militärbegeisterten Enkel, Ernst Friedrich von Sachsen-Hildburghausen, kam es im 17. und beginnenden 18. Jahrhundert zu Plänen, die Heldburg wieder als Landesveste auszubauen. Reste der damaligen Wehranlagen sind noch heute am Burgberg erkennbar. Der als »Theaterherzog« berühmt gewordene

◀ Veste Heldburg von Westen

Georg II. von Sachsen-Meiningen ließ das zwischenzeitlich vernachlässigte Bergschloss ab 1875 als Refugium für sich und seine nicht standesgemäße dritte Gemahlin, die »Freifrau von Heldburg«, wiederherstellen. Kunstgeschichtlich versiert und zugleich romantisch idealisierend, schuf er hier einen bedeutenden, sehr persönlich geprägten Beitrag zur Burgenrenaissance des 19. Jahrhunderts.

Allerdings war das künstlerische Erbe dieser reichen Baugeschichte durch einen Großbrand 1982 schwer gefährdet. Der Französische Bau wurde damals bis auf die Mauern zerstört. Nach weiteren Verfallsjahren begannen 1990 schließlich aufwendige Instandsetzungsarbeiten, und von 2009 bis 2013 wurde die Veste Heldburg mit Blick auf ihre künftige Nutzung als Deutsches Burgenmuseum saniert. Gerettet sind nicht allein die Fassaden und die markante Silhouette. Auch bedeutende Raumkunstwerke aus Renaissance und Historismus, die bereits unwiederbringlich verloren schienen, sind jetzt zumindest in Teilen wieder nachvollziehbar. Mit der langjährigen Wiederherstellung ging eine intensive Bauforschung einher, wodurch das Bild von der Geschichte der Veste Heldburg wesentlich präzisiert werden konnte.

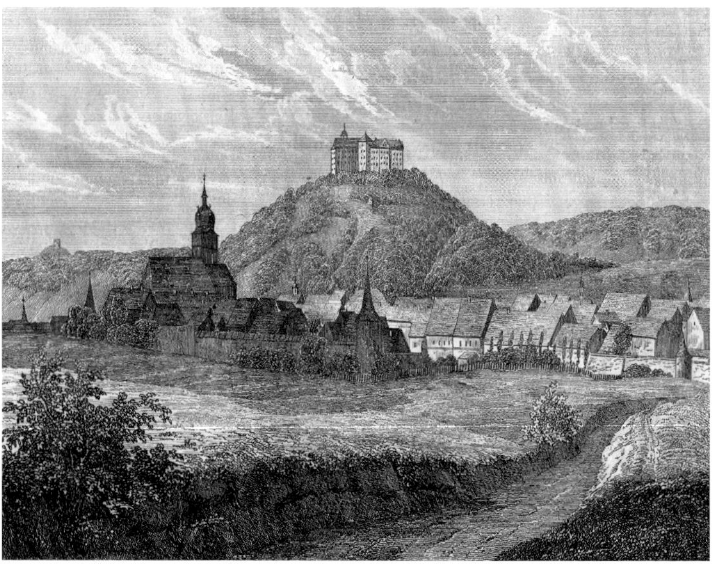

Heldburg, Stadt und Veste, Stahlstich, um 1850

Die Grafen von Henneberg und die Wettiner auf der Veste Heldburg

Die Anfänge im Hohen Mittelalter

Der Ort Heldburg findet als »villa Helidberga« 837 n. Chr. anlässlich einer Schenkung an das Kloster Fulda erstmals urkundliche Erwähnung. Den frühesten Hinweis auf eine Burg am Ort gibt eine Urkunde aus dem Jahr 1152, in welcher die örtliche Pfarrei als »paarochia Heilpurg« bezeichnet ist. Die Endung »-purg« verweist indirekt auf eine zwischenzeitlich errichtete und den Ort nunmehr kennzeichnende Burg. Auch wenn die Baugeschichte der Veste Heldburg in Grundzügen erst ab 1300 nachvollziehbar ist, wird man davon ausgehen dürfen, dass die Burganlage des 12. Jahrhunderts sich bereits als strategisch günstige Höhenburg auf dem heutigen Burgberg befand. Über die herrschaftliche Zugehörigkeit, Funktion und Gestalt dieser hochmittelalterlichen Festung liegen indes keine Nachrichten vor.

Ein 1220 erwähnter »Manegold von Helpurg« wird aufgrund seines Vornamens mit dem Geschlecht der in der Region begüterten Herren von Wildberg in Verbindung gebracht. Dies gibt Anlass zu der These, dass es sich bei der Heldburg um eine Wildbergische Gründung handelt, die nach Aussterben der Familie 1305 gemeinsam mit den übrigen Besitzungen an die Grafen von Henneberg gefallen ist. Möglicherweise wurde die Heldburg aber auch von den Hennebergern selbst zur Verwaltung von Klosterbesitzungen des hennebergischen Hausklosters Veßra errichtet. Das von Graf Gotebold II. initiierte, vom Bamberger Bischof 1135 gegründete und großzügig ausgestattete Kloster Veßra diente maßgeblich dem Landesausbau im Grabfeld und damit der Erweiterung des hennebergischen Einflussgebiets. Die weitreichenden, von den Hennebergern verwalteten Klosterbesitzungen umfassten seit 1144 auch Waldorte in direkter Nachbarschaft Heldburgs, was die Einrichtung eines Verwaltungsmittelpunkts der klösterlichen Besitzungen in Form der hier errichteten Burg durchaus denkbar erscheinen lässt.

Die nach ihrer Stammburg südlich von Meiningen benannten Grafen von Henneberg waren Ende des 11. Jahrhunderts von Kaiser Heinrich IV. mit dem Würzburger Burggrafenamt begünstigt worden und hatten in der Folge auch die Vogtei des Würzburger Hochstifts inne. Durch diese Funktionen sowie aufgrund zahlreicher Lehen und eines umfangreichen Eigenbesitzes zählten die Henneberger zu den einflussreichsten Adelsfamilien im nördlichen Franken und im Grabfeld. Infolge von Auseinandersetzungen mit dem Würzburger Bischof über die jeweiligen Machtbefugnisse und Besitzungen verloren sie jedoch Ende des 12. Jahrhunderts die Hochstiftvogtei und um 1220 das Burggrafenamt. In der Folge wandten sie sich verstärkt und mit großem Erfolg dem Auf- und Ausbau der eigenen Herrschaft zwischen Rhön und Thüringer Wald zu, wobei es allerdings wiederholt zu innerfamiliären Landesteilungen kam.

Bei den nach Südosten in das Coburger Land gerichteten Expansionsbestrebungen spielte zunächst Burg Strauf nördlich der Heldburg als militärischer Eckpfeiler und zeitweilige Residenz eine zentrale Rolle. Diese auf der höchsten Erhebung des Heldburger Landes, dem 449 Meter hohen Straufhain gelegene Burg war Ende des 12. Jahrhunderts aus brandenburgischem Besitz an die Henneberger gekommen. Als Hermann I. von Henneberg-Coburg (reg. 1245–1290) Mitte des 13. Jahrhunderts aus unterschiedlichen Erbschaften und durch geschicktes Handeln die Herrschaft Coburg errichten konnte, war Burg Strauf ein bedeutendes Machtzentrum der Region südlich des Thüringer Waldes. 1291 gelangte die Herrschaft Coburg in weiblicher Erbfolge über Hermanns Tochter Jutta an die askanischen Markgrafen von Brandenburg.

Die Heldburg als Amtssitz und Grenzburg

Hermanns Großneffe, Graf Berthold VII. von Henneberg-Schleusingen (reg. 1284–1340), der durch verschiedene Reichsämter große Einkünfte hatte und für seine Verdienste als königlicher Berater 1310 in den Fürstenstand erhoben wurde, konnte die Herrschaft Coburg zu Beginn des 14. Jahrhunderts schrittweise zurückerwerben und 1316 schließlich als sogenannte Neue Herrschaft mit den Hennebergischen Stammlanden vereinigen. Die umgehend erfolgte administrative und wirtschaftliche Neustrukturierung der Neuen Herrschaft manifestiert sich in dem 1317 angefertigten Urbar (Verzeichnis der Besitzungen und Einkünfte). Die in dem Urbar erstmals explizit erwähnte Heldburg war nunmehr Amtssitz eines großen Verwaltungsbereichs, und das Zehnt- und Landgericht wurde von der Burg Strauf hierher verlegt. Während Burg Strauf in der Folge an Bedeutung verlor, dürfte die an der Südflanke der Neuen Herrschaft gelegene Held-

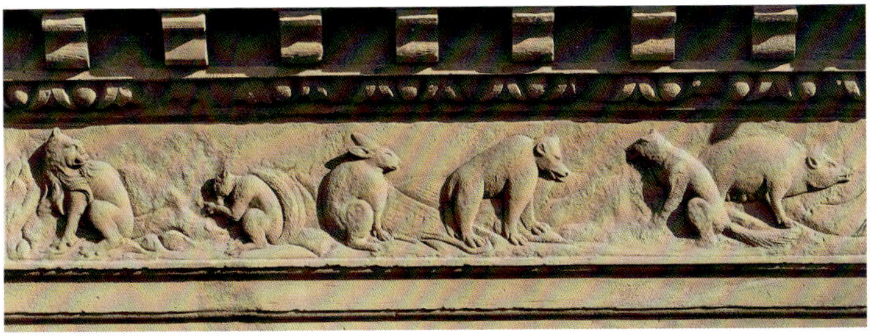

Französischer Bau, Tierfries am Herrenerker, Detail

burg sich spätestens zu diesem Zeitpunkt auch zu einem wichtigen Verteidigungsposten entwickelt haben.

Mit dem Tod von Bertholds Sohn, Heinrich VIII. (reg. 1340–1347), der ohne männlichen Nachkommen starb, ging für die Henneberger wiederum ein großer Territorialverlust einher. Heinrichs Bruder Johann (reg. 1347–1359) konnte lediglich den alten Herrschaftsteil für sein Haus behaupten. Der Großteil der Neuen Herrschaft fiel nach 1353 über Heinrichs Töchter an das in Mitteldeutschland aufstrebende Geschlecht der Wettiner. Das Amt Heldburg kam dabei zunächst an den Burggrafen Albrecht von Nürnberg, 1374 schließlich an Albrechts wettinischen Schwiegersohn, den Meißner Markgrafen und Thüringer Landgrafen Balthasar (reg. 1349/1382–1406).

Heldburg und Coburg bildeten von nun an die südlichsten Vorposten der Wettiner, die ab 1423 Herzöge und Kurfürsten von Sachsen waren. Der Ort Heldburg erhielt 1394 städtische Privilegien und wurde mit Mauern und Türmen bewehrt. Ebenfalls um 1400 begann die Errichtung der Sächsischen Landwehr, einer Verteidigungsanlage aus Gräben, Wällen und dichtem Gebüsch, die das Coburger und Heldburger Land gegen Angriffe von Süden schützen sollte. Die zentrale Wachfunktion der Veste Heldburg richtete sich fortan insbesondere auf den Flankenschutz für Coburg. So erklärt eine Verteidigungsordnung aus dem Jahr 1525: »Item zum ersten, wenn man ein Feuerpfann aufm Schloß zu Heldburg aushängt, so dem Wächter aufm Schloß zu Coburg eine Aufsehung soll zu haben Befehl getan sein, daß damit der Brand oder Zugriff der würzburgischen Art gemeint sein soll [...].« Die Verständigung mittels Feuersignalen dürfte auf der Heldburg über einen langen Zeitraum gängige Praxis gewesen sein. Dies legt jedenfalls der spätere Beiname »Fränkische Laterne« beziehungsweise »Fränkische Leuchte« nahe.

Bei der Leipziger Teilung 1485 in die ernestinische und albertinische Linie war die Veste Heldburg gemeinsam mit den übrigen thüringischen und fränkischen Besitzungen den Ernestinern zugesprochen worden. Kurfürst Friedrich der Weise (reg. 1486–1525) und sein Bruder Johann der Beständige ließen die Höhenburg in den Jahrzehnten um 1500 kontinuierlich ausbauen und für gelegentliche Hoflager herrichten. Neben ihrer Funktion als Grenzburg und Amtssitz erhielt die Anlage nun auch den Charakter einer Nebenresidenz, auf welcher man gelegentlich auch verbündete Reichsfürsten empfing. Ausschlaggebend war dabei nicht allein die Nähe zu Coburg und zum verfeindeten Hochstift Würzburg, sondern vor allem auch das zugehörige wildreiche Jagdgebiet. Der am Fuß des Burgbergs gelegene, im 16. Jahrhundert mehrfach erweiterte Wirtschaftshof sicherte die aufwendige Versorgung der fürstlichen Besuche. Auch ein See für Fischzucht wurde angelegt. Die Ausfischung des Sees und dortige Entenjagden gehörten ebenso zu den fürstlichen Vergnügungen wie die Hirschbrunft oder Koppel-, Kessel- und Grenzjagden. Parallel zum Herrschaftssitz erfuhr auch die Stadt Heldburg einen umfangreichen Ausbau und wirtschaftlichen Aufschwung. Diese wuchs zudem im Verlauf der Reformation durch den Zuzug protestantischer Migranten aus den Bistümern Bamberg und Würzburg stark an.

Das Bergschloss Johann Friedrichs II.

Einen entscheidenden Einschnitt in der Geschichte Mitteldeutschlands markiert die Niederlage des ernestinischen Kurfürsten Johann Friedrich I. des Großmütigen (reg. 1532–1547/1554) im Schmalkaldischen Krieg 1547. Die Ernestiner verloren bedeutende Landesteile einschließlich der Kurwürde an die albertinische Linie des Hauses Wettin und waren fortan auf die ihnen verbliebenen Gebiete in Thüringen beschränkt. Vor allem Johann Friedrichs erstgeborener Sohn, Herzog Johann Friedrich II., der Mittlere (reg. 1547/1554–1566), konnte sich mit dem Machtverlust nicht abfinden. In seinem Drängen nach Wiederherstellung der vormaligen politischen Verhältnisse ließ er sich auf die sogenannten Grumbach'schen Händel ein, was im Ergebnis zu einer erneuten dramatischen Schwächung der Ernestiner führte. Wilhelm von Grumbach, ein fränkischer Reichsritter mit be-

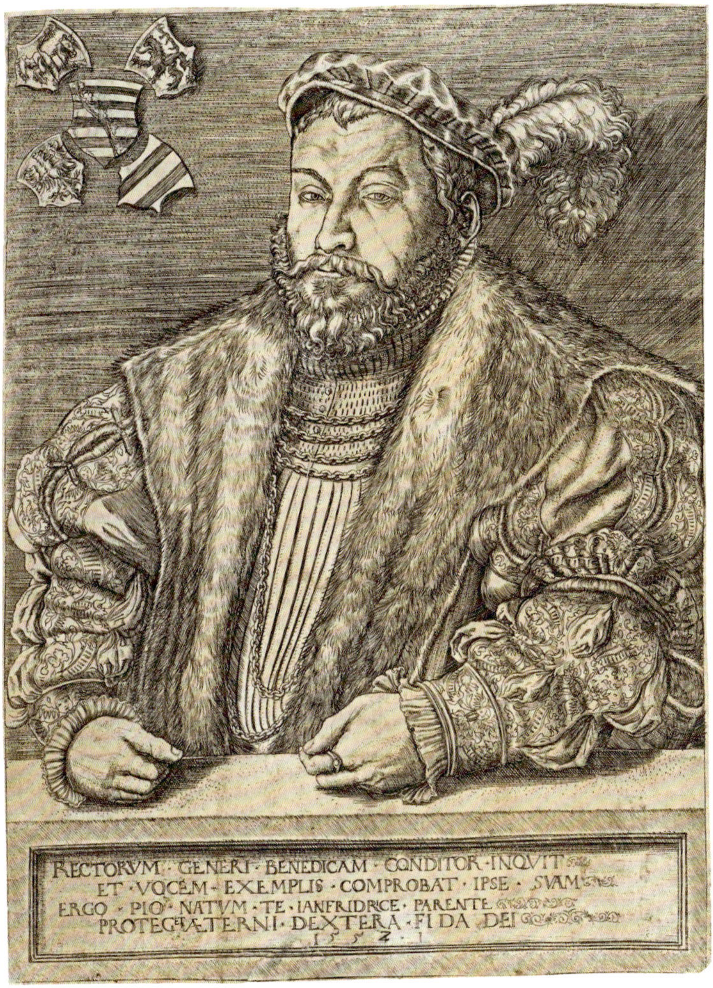

Peter Gottland, Herzog Johann Friedrich II. von Sachsen, Kupferstich, 1552

deutenden Vorfahren und großem diplomatischem Geschick, zählte seit 1557 zu den engsten Beratern Johann Friedrichs II. Persönliche Eigentumsstreitigkeiten mit dem Bistum Würzburg veranlassten Grumbach 1558 zu einem im Ergebnis tödlichen Angriff auf den Würzburger Bischof und in der Folge zu weiteren Angriffen gegen das Bistum, schließlich sogar zum Plan eines allgemeinen Ritteraufstands. Johann Friedrich entließ den aufrührerischen Reichsritter trotz eindringlicher kaiserlicher Mahnung nicht aus dem Amt. Grumbach hatte dem Herzog und seinem Bruder Johann Wilhelm zu einer einträglichen Bestallung am französischen Königshof verholfen, und er vermittelte wohl auch bei den 1558/59 erfolgten Eheschließungen der beiden Brüder mit zwei Töchtern des Pfalzgrafen Friedrich III., der als Kurfürst von der Pfalz ab 1559 zu den wichtigsten Anführern im protestantischen Lager zählte. Vor allem aber bestärkte Grumbach den Herzog in seinen revisionspolitischen Hoffnungen. So stellte er den Kontakt zu einem dreizehnjährigen »Engelseher«, Hans Müller genannt »Tausendschön«, her, der dem Herzog die kampflose Rückgewinnung der Kurwürde und gar den Griff nach der Kaiserkrone weissagte. Da Johann Friedrich II. dem inzwischen mehrfach geächteten Grumbach weiterhin Schutz auf seiner Festung Grimmenstein in Gotha gewährte, verfiel er im Dezember 1566 auch selbst in Reichsacht. Im April 1567 nahmen kaiserliche Truppen die Residenz Johann Friedrichs, die Festung Grimmenstein über Gotha, ein. Während Wilhelm von Grumbach in Gotha gevierteilt wurde, starb der geächtete Herzog nach jahrzehntelanger kaiserlicher Gefangenschaft 1595 im oberösterreichischen Steyr.

In der kurzen Regierungszeit Johann Friedrichs II. erfolgte die Umwandlung der Veste Heldburg von einer spätmittelalterlichen Höhenburg in ein nur noch bedingt wehrfähiges Bergschloss. Über die ehemalige Ringmauer hinausgreifend entstand jener höchst repräsentative Prachtbau, der mit seiner Fernwirkung und dank der grenznahen Lage den hohen Anspruch des Bauherrn weit über das Herzogtum hinaus kommunizierte. Nach dem Ausbau des Residenzschlosses Grimmenstein, der allerdings weitgehend seinem Vater zuzurechnen ist, war die Veste Heldburg das primäre bauliche Repräsentationsprojekt Johann Friedrichs II. Warum die Wahl auf die Heldburg als hervorzuhebende Nebenresidenz fiel, lässt sich nur spekulieren. In der Forschung wurden nach Süden gerichtete Expansionsbestrebungen angenommen, die sich in den 1565 bis 1568 letztmalig ausgeübten ernestinischen Vogteirechten über das Kloster Banz artikuliert hätten. Möglich erscheint insbesondere ein Zusammenhang mit den Grumbach'schen Händeln. So begann die Errichtung des Prachtbaus auf der Veste Heldburg 1561 im gleichen Jahr, in dem Grum-

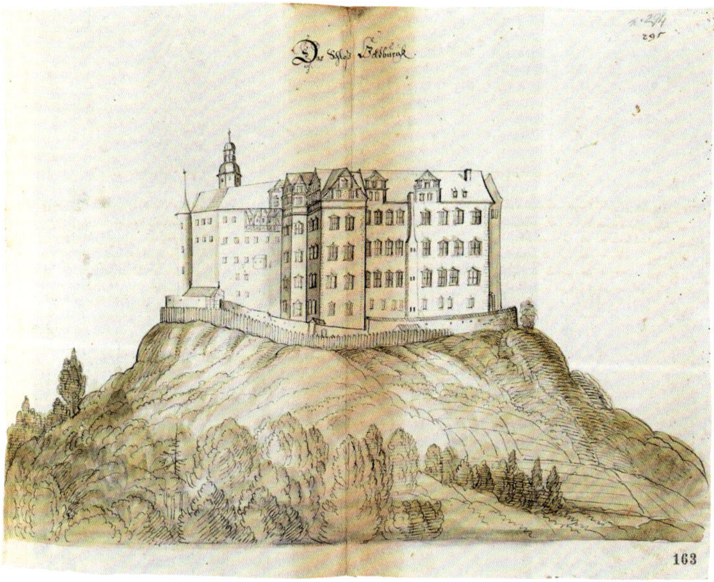

Veste Heldburg von Süden, Zeichnung, um 1660

bach das nahe gelegene Schloss Hellingen erwarb. Häufige Treffen auf der Heldburg sind anzunehmen, zumal in den Amtsrechnungen der 1560er Jahre ein Gemach des Reichsritters im Neubau erwähnt ist (»Grumbachs Gemach«). Kaum fertiggestellt, gelangte die Heldburg allerdings bereits 1566 gemeinsam mit der coburgischen Landeshälfte an den jüngeren Bruder Johann Wilhelm. Während der Grimmenstein im Jahr darauf gleichsam als symbolischer Strafakt gegen die Ernestiner vollständig geschleift wurde, blieb das Bergschloss Heldburg als eindrucksvolle Hinterlassenschaft Johann Friedrichs II. erhalten.

Die verhängnisvolle Aufsplitterung des ernestinischen Besitzes setzte sich in den nachfolgenden Jahrhunderten in zahlreichen Landesteilungen fort. In der Erfurter Teilung 1572 wurde Herzog Johann Wilhelm das Territorium Sachsen-Weimar zugesprochen, während die noch unmündigen Söhne Johann Friedrichs II., Johann Casimir und Johann Ernst, das Territorium Sachsen-Coburg-Eisenach mit dem Amt Heldburg erhielten. 1596 entstanden durch erneute Teilung das von Johann Casimir regierte Herzogtum Sachsen-Coburg

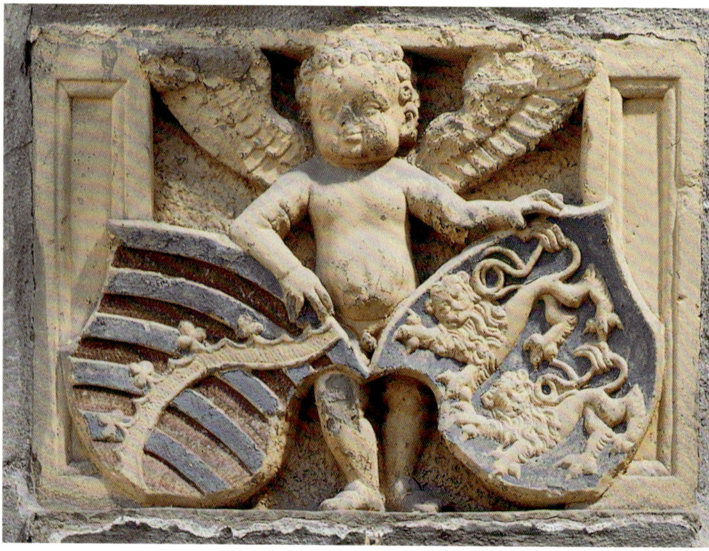

Heidenbau, Allianzwappen an der Hoffassade

(bis 1633) und das von Johann Ernst begründete Sachsen-Eisenach (bis 1638). Johann Casimir hielt sich regelmäßig mehrere Wochen auf der Heldburg auf, deren Jagdgründe er besonders schätzte und deren Räume er in der Art eines Jagdschlosses mit rund 300 Jagdtrophäen und zahlreichen Jagdbildern schmückte. Ein herausragendes höfisches Ereignis stellten die Tage vor der Hochzeit Johann Casimirs und seiner zweiten Gemahlin Margarethe von Braunschweig-Lüneburg im Jahr 1599 dar, als die Braut mit fürstlichen Gästen auf der Heldburg logierte. Ein großes Gefolge und etwa 1 200 Pferde waren in jenen Tagen in Heldburg und Umgebung einzuquartieren. Auf die in diesem Zusammenhang ausgeführten Renovierungsmaßnahmen auf der Heldburg dürfte das Allianzwappen mit dem sächsischen Rautenkranz und den zwei braunschweigischen Leoparden zurückzuführen sein, das im 19. Jahrhundert in einem Keller der Heldburg gefunden und daraufhin an der Hoffassade des Heidenbaus über der Tordurchfahrt eingelassen wurde. Die heutige, heraldisch nicht korrekte Farbfassung erhielt das Wappen wohl bei der – inschriftlich dokumentierten – Restaurierung 1974.

Projekte zur Fortifikation

Anders als die Veste Coburg hatte die Heldburg im 16. Jahrhundert keine neuartigen Verteidigungsanlagen erhalten. Sie war lediglich durch eine niedrige Zwingermauer mit Schießscharten für Handfeuerwaffen geschützt und konnte daher im Dreißigjährigen Krieg dreimal (1632, 1634 und 1637) von kaiserlichen Truppen eingenommen werden. Äußerlich weitgehend unversehrt, wurde die Anlage jedoch durch Plünderung und wiederholte Einquartierung verschiedener Truppen heruntergewirtschaftet. 1645 an Herzog Ernst I., den Frommen, von Sachsen-Gotha (reg. 1640–1675) gekommen, stieg sie wieder in den Rang einer bevorzugten Nebenresidenz auf. Der Herzog hielt sich mehrfach im Jahr vermutlich zum Jagen hier auf und richtete im Heidenbau eine protestantische Schlosskirche ein. Als angesichts des Türkisch-Österreichischen Krieges 1663/64 kurzzeitig eine türkische Invasion im Reich real schien, reagierte Ernst der Fromme umgehend mit einem Plan zur Befestigung der Städte und Schlösser im Herzogtum. Die Heldburg sollte zur regulären Landesveste ausgebaut werden, doch das zügig begonnene Bauprojekt wurde bald wieder eingestellt.

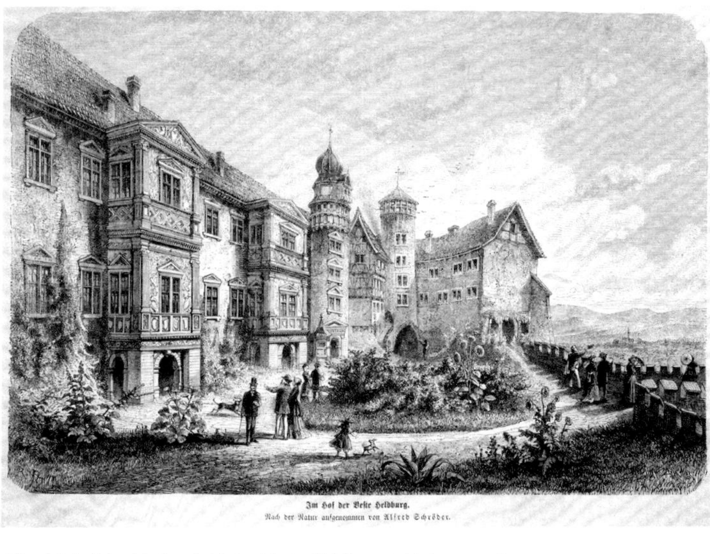

Alfred Schröder, Hofansicht der Veste Heldburg, Zeichnung, 1872

Nach der gothaischen Landesteilung unter den sieben Söhnen Ernsts des Frommen in den Jahren 1680/81 diente das Bergschloss Heldburg für einige Jahre neben weiteren Orten als Interimsresidenz des zweitjüngsten Sohnes, Herzog Ernst von Sachsen-Hildburghausen (reg. 1680–1715). Sein Nachfolger Ernst Friedrich (reg. 1715–1724), der in niederländischen und kaiserlichen Militärdiensten während des Spanischen Erbfolgekriegs in hohe Würden aufstieg, richtete auch das eigene Fürstentum stark militärisch aus. In diesem Zusammenhang knüpfte er an die Pläne Ernsts des Frommen an und begann noch als Erbprinz 1712 mit einer umfassenden Fortifizierung der Heldburg. Das kostspielige Bauprojekt wurde jedoch nach seinem Tod 1724 umgehend eingestellt, und die seit 1717 hier stationierte Garnison wurde ebenfalls wieder abgezogen. In der Folge ohne umfassende Nutzung, war die Veste Heldburg zusehends der Vernachlässigung ausgesetzt. Bis 1772 diente sie noch in unterschiedlicher Form als Gefängnis, 1787 wurde auch der Amtssitz endgültig in die Stadt verlegt. Vor dem Hintergrund hoher Verschuldung des Fürstentums erwog man, die inzwischen desolate Anlage völlig aufzugeben. Auch nachdem eine neuerlich einberufene Baukommission 1796 an die historische Bedeutung der Heldburg erinnerte und vehement für ihren Erhalt plädierte, wurden keine entsprechenden Maßnahmen eingeleitet. In den Wirren der Napoleonischen Kriege blieb die Anlage weiter dem Verfall überlassen.

Das Refugium des Theaterherzogs

Im Rahmen der territorialpolitischen Neuordnung der ernestinischen Herzogtümer kam Heldburg 1826 an das Herzogtum Sachsen-Meiningen. Durch die neu entfachte Burgenbegeisterung im Zeitalter der Romantik war auch die Heldburg inzwischen wieder verstärkt in den Blickpunkt gerückt. Eine erste ernsthafte Initiative zu ihrem Erhalt war bereits 1825 von Erbprinz Joseph von Sachsen-Hildburghausen ausgegangen und lediglich am Besitzwechsel gescheitert. 1835 begann schließlich die bauliche Instandsetzung »dieses durch seine romantische Lage, reizende Aussicht und geschichtliche Bedeutung merkwürdige[n] Schloss[es]« (Baubericht des Landbaumeisters August Wilhelm Döbner, 1839). Der regierende Herzog Bernhard II. von Sachsen-Meiningen (reg. 1821/1826–1866) bewilligte umfassende Sicherungs- und Gestaltungsmaßnahmen an der Gesamtanlage. Sein

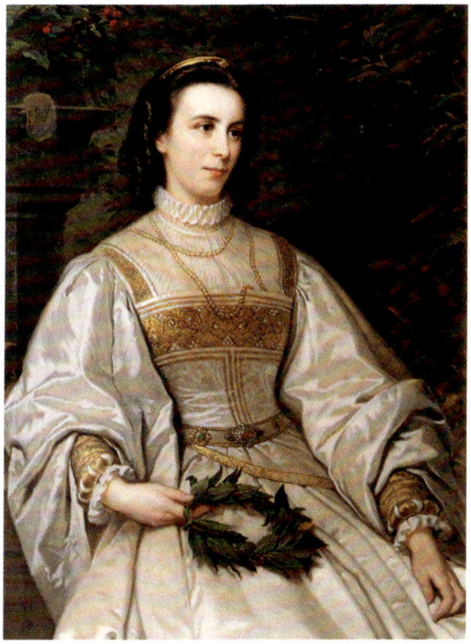

Oscar Begas, Ellen Franz, spätere Helene Freifrau von Heldburg, als Leonore aus Torquato Tasso, Ölgemälde, um 1870

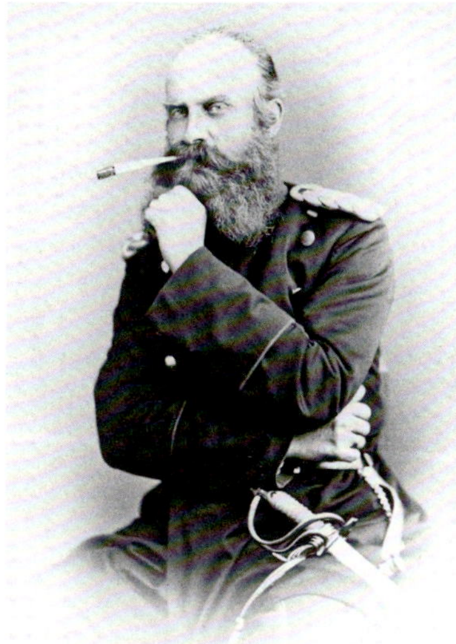

Herzog Georg II. von Sachsen-Meiningen, Fotografie, um 1860

persönliches Interesse galt indes vornehmlich Schloss Landsberg bei Meiningen, welches er ab 1836 als neugotische Fantasierekonstruktion einer mittelalterlichen Burg errichten und in der Art eines dynastischen Stammsitzes ausschmücken ließ. Erst sein Nachfolger, Georg II. von Sachsen-Meiningen (reg. 1866–1914), sollte der Veste Heldburg einen bedeutenden Platz in der Burgenrenaissance des 19. Jahrhunderts verleihen.

Georg II., der als Regent einen bemerkenswerten Liberalisierungsprozess in seinem Land einleitete, war als »Theaterherzog« und Kulturförderer bereits zu Lebzeiten weltweit bekannt. Künstlerisch umfassend gebildet und dabei speziell an der Kultur der Renaissance orientiert, gelang es Herzog Georg, die kleine Residenzstadt Meiningen zu einer europäischen Metropole für Theater, Musik und geistig-kulturelles Leben aufsteigen zu lassen. Zu den geistigen Triebfedern seines humanistisch-liberalen Musenhofs zählte die Schauspielerin Helene (Ellen) Franz, die der Herzog 1873 in dritter Ehe heiratete. Dass er sie umgehend in den Adelsstand erhob und zur Freifrau von Heldburg ernannte, minderte nicht den Eklat, den die unstandesgemäße

Ehe in Meiningen und im Reich hervorrief. Die Heldburg aber wurde damit zum ideellen Stammsitz seiner Gemahlin und sollte in der Folge die Aura eines hoffernen Refugiums erhalten.

Bereits 1871 hatte Herzog Georg die im Bestand gesicherte Burganlage aus dem staatlichen Domänenvermögen herausgelöst und in das Eigentum des Hauses Sachsen-Meiningen überführt. Ab 1875 ließ er sie als Wohnsitz für sich und seine Gemahlin bewohnbar machen und als Idealbild einer Burg wiederherstellen. Wie bei seinen übrigen Bauprojekten und den anspruchsvollen Bühnenbildern seines Hoftheaters führte Georg II. auch bei seinem Bergschloss mit detaillierten Entwürfen und Instruktionen Regie. Parallel zu ihrer Wiederherstellung ließ der Herzog die Veste erforschen und in mehreren Publikationen bekannt machen. Das historistische Gesamtkunstwerk Heldburg wurde zum persönlichen Vermächtnis Georgs II., dessen dauerhafte Konservierung und museale Präsentation er testamentarisch verfügte.

Auch die Stadt Heldburg erfuhr neuen Aufschwung und bauliche Entwicklung. Dank herzoglicher Förderung führte seit 1888 eine Eisenbahnlinie nach Heldburg. Neue oder aufgewertete öffentliche Einrichtungen und Gebäude wie der Bahnhof, das Forstamt, das Postamt, das Amtsgericht und die Schule bereicherten das Stadtbild, und der Fremdenverkehr nahm deutlich zu. Das Interesse Georgs II. am Gesamtensemble Heldburg zeigt sich nicht zuletzt an dem Denkmal für die Teilnehmer am Deutsch-Französischen Krieg 1870/71, das noch heute am Fuß des Burgbergs erhalten ist. Der Herzog entzog dem städtischen Kriegerverein das Vorhaben, stellte den Platz für die Aufstellung zur Verfügung und steuerte und finanzierte die Ausführung – dies alles, »damit ein ungefälliges Denkmal vermieden werde« (Schreiben Georgs II. an Hofbaumeister Karl Behlert, 1903).

Für die Zeit des Ersten Weltkriegs folgte Herzog Bernhard III. auf dem Meininger Thron. Nach seiner Abdankung im November 1918 blieb die Veste Heldburg zunächst im Eigentum der herzoglichen Familie. Die Freifrau von Heldburg hielt sich hier bis zu ihrem Tod 1923 jeweils für einige Wochen auf. Anschließend bewohnte Prinz Georg (III.), ein Enkel Georgs II., mit seiner Familie Teile der Veste. Nach Kriegsende 1945 wurde die Anlage verstaatlicht.

Hofansicht mit Blick auf den Jungfernbau ▶

Baugeschichte und Architektur der Veste Heldburg

Burg, Bergschloss, Landesveste

Früheste Hinweise auf den Burgbau führen in das ausgehende 13. Jahrhundert, für das eine zweiteilige Anlage aus Kern- und Vorburg nachweisbar ist. So wurde bei archäologischen Untersuchungen ein Graben entdeckt, der das Bergplateau in zwei Hälften teilte. Zweieinhalb Meter tief in den Fels geschlagen, führte er vom Standort der Wendelstiege des Französischen Baus ausgehend über den Hof zum späteren Kommandantenbau. Auf welcher Seite des Grabens die Kernburg lag, ist unbekannt. Insgesamt dürfte die hochmittelalterliche Anlage bereits das gesamte Felsplateau eingenommen und über eine Ringmauer verfügt haben. Die nachfolgende Umwandlung in eine ungeteilte Anlage durch Zuschütten des Grabens lässt sich anhand der Verfüllungsschichten in die Zeit um 1300 datieren. Den Anlass für diese grundlegende Veränderung bildete möglicherweise die Erhebung der Heldburg zum hennebergischen Amtssitz 1317. Spätestens in jener Zeit entstand der Jungfernbau mit seiner romanischen Formgebung. Ein weiteres Gebäude, möglicherweise ein Turm, befand sich unmittelbar benachbart im Bereich des heutigen Südtors. Reste davon wurden später in den Kommandantenbau integriert.

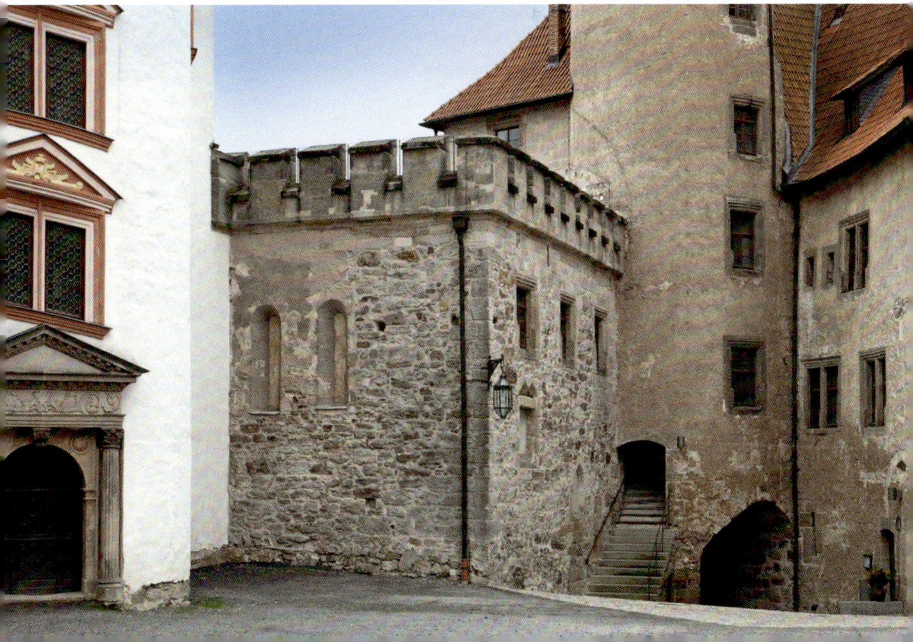

Dies zeigt eine aus Buckelquadern gebildete Mauerecke, die bei Instandsetzungsarbeiten in der sogenannten Amtsstube freigelegt wurde. Neben dem Jungfernbau und dem vermuteten Turm aus Buckelquadern ist für das 14. Jahrhundert von einer weiteren, großenteils hölzernen Bebauung entlang der Ringmauer auszugehen.

Ob der Erbgang an die Wettiner 1374 unmittelbar zu Veränderungen der Burg führte, ist nicht bekannt. Erst das umfängliche Baugeschehen unter Kurfürst Friedrich dem Weisen und seinem Bruder Johann dem Beständigen lässt sich anhand der Baubefunde wie auch der archivalischen Quellen in weiten Teilen rekonstruieren. Aus dieser Phase in den Jahren 1486 bis 1512 stammen wesentliche Teile des Kommandantenbaus, des Heidenbaus und des Jungfernbaus. Letzterer erhielt 1490 Fachwerkobergeschosse, die wohl zu Wohnzwecken dienten. Für die Burgkapelle im Hauptgeschoss, die im Zusammenhang mit dem Fachwerkbau erstmals erwähnt wird, stiftete Friedrich der Weise eine neue Ausstattung mit aufwendigen Wandmalereien und kostbaren liturgischen Geräten. Der Kommandantenbau wurde in den Jahren um 1490 als mindestens zweigeschossiges Gebäude mit Keller errichtet oder erneuert. Infolge einschneidender baulicher Veränderung um 1560 lässt sich seine spätgotische Gestalt nur noch in Ansätzen rekonstruieren. Das vermutlich als Hofstube genutzte Souterrain war deutlich höher als heute, im darüber gelegenen Hauptgeschoss befanden sich die herrschaftlichen Wohnräume.

1509/10 entstand, möglicherweise unter Einbezug älterer Bauteile, der Heidenbau. Das teils ebenerdige Hauptgeschoss bestand bauzeitlich fast vollständig aus einer durch Pfeiler gegliederten Halle. Sie diente als Stall und wurde erst durch den nachträglichen Einbau der Tordurchfahrt um 1560 geteilt. Hofseitig führte ehemals ein Treppenturm in das Ober- und Dachgeschoss mit großem Kornschüttboden. Bemerkenswerterweise ist der Heidenbau zu einem großen Teil aus exakt verarbeiteten Sandsteinquadern gebildet und damit qualitativ hochwertiger als der ältere, überwiegend aus Bruchstein errichtete Kommandantenbau. In der Forschung wird daher diskutiert, ob der Heidenbau ursprünglich eine repräsentative Bestimmung, etwa als herrschaftlicher Wohnbau, hatte. Dagegen spricht allerdings, dass das Gebäude anfänglich nur mit schmalen Schlitzfenstern versehen war.

Den Zugang zur Burg bildete Anfang des 16. Jahrhunderts der südliche Torbau, der damals möglicherweise noch vom Kommandantenbau separiert war. Auch ein Teil des Küchenbaus dürfte bereits

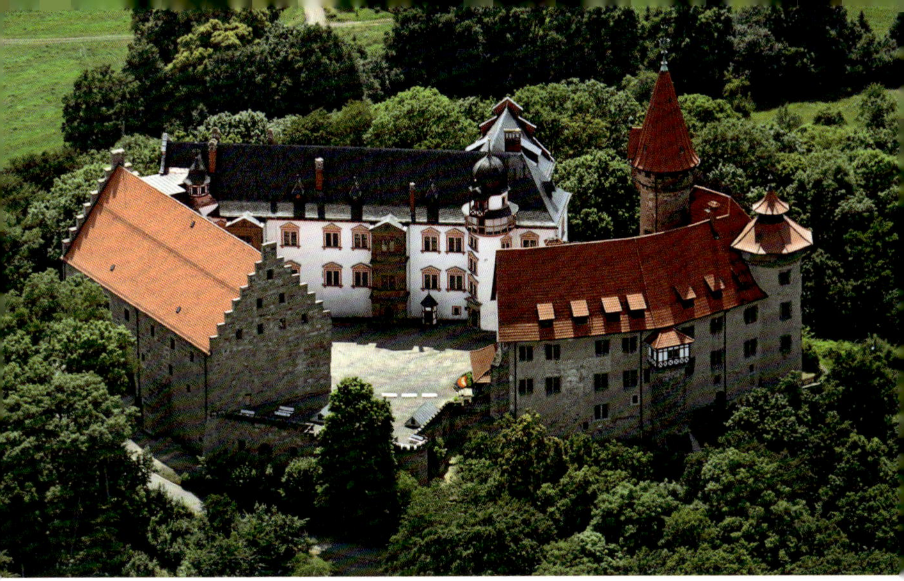

Veste Heldburg, Luftaufnahme von Norden

existiert haben. Wie die historischen Pläne zeigen, handelte es sich bei dem Küchenbau nicht um einen einheitlichen Entwurf. Vielmehr bestand er aus einem wohl älteren Bereich innerhalb der Ringmauer und einem außerhalb der Mauer angefügten Teil. Der Bauteil innerhalb der Ringmauer dürfte spätestens unter Friedrich dem Weisen errichtet worden sein, während der äußere Teil im Rahmen der nächsten großen Bauphase um 1560 hinzugefügt wurde. Bedeutsam für den Wohnkomfort auf der Burg war nicht zuletzt eine 1501 bis 1507 errichtete oder erneuerte Zisterne.

In drei Baubesichtigungen Herzog Johann Friedrichs II. im Jahr 1557 kündigte sich der Ausbau der Burganlage zum Bergschloss im Stil der Renaissance an. Die insgesamt sieben Jahre, von 1558 bis 1565 andauernden Arbeiten gliedern sich in zwei Phasen. Zunächst wurde lediglich eine umfassende Erneuerung und Veränderung der bestehenden Gebäude sowie der Wasserversorgung in Angriff genommen. Offenbar erst im weiteren Fortgang der Arbeiten entschied der Herzog sich für die Errichtung des neuen Schlossbaus, die 1561 begann. Die planerische Gesamtleitung hatte der fürstliche Baumeister Nikolaus Gromann inne. Sein Schwager Paulus Weissmann übte die Bauleitung vor Ort aus. Der unter Johann Friedrich II. erreichte,

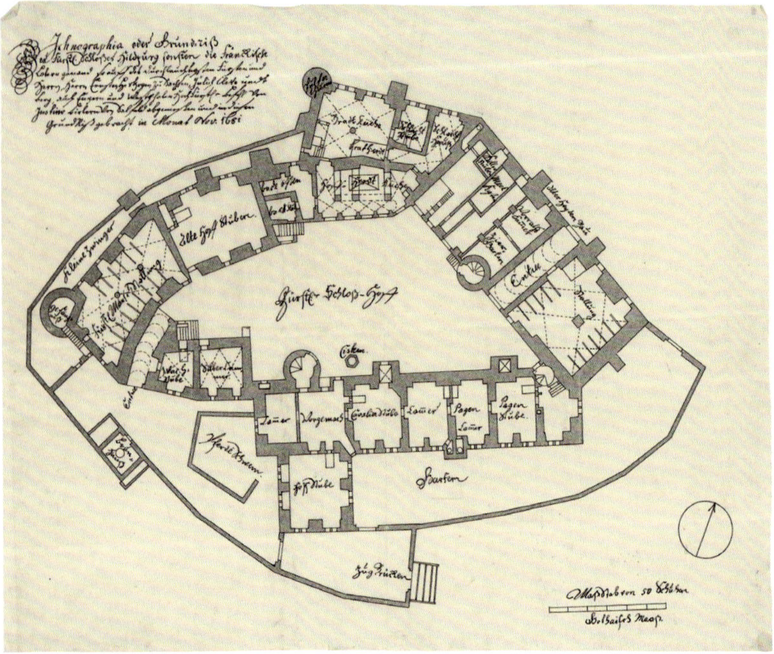

Grundriss der Gesamtanlage (Souterrain/Erdgeschoss), 1681

im nachfolgenden Jahrhundert kaum veränderte Zustand des Bergschlosses ist neben den Baubefunden vor allem aus Inventaren des ausgehenden 16. und beginnenden 17. Jahrhunderts sowie aus mehreren Planserien der 1660er bis 1680er Jahre ersichtlich. Diese geben Aufschluss über die historische Binnenstruktur der Gebäude und indirekt über die Raumfunktionen in der Renaissancezeit.

Begonnen wurden die Baumaßnahmen 1558 mit dem Abteufen des Tiefen Brunnens vor dem Südtor. Das bergmännisch äußerst anspruchsvolle Unternehmen konnte 1564 mit dem Bau des Brunnenhauses abgeschlossen werden. Parallel dazu entstand im Hof ein neuartiges Zisternensystem, dessen Tank ein Fassungsvermögen von 20 000 Litern Wasser hat. Die drei Gebäude im westlichen Bereich – Jungfernbau, Torhaus und Kommandantenbau – wandelte Gromann in einen zusammengeschlossenen Komplex mit einheitlichen Geschosshöhen um. Die Tordurchfahrt wurde erweitert und darüber ein Treppenturm zur zentralen Erschließung der Gebäude errichtet. Die Burgkapelle wurde profaniert und räumlich unterteilt. Die historischen Pläne verzeichnen im Hauptgeschoss des Jungfernbaus die Amtsstube, im Obergeschoss die Wohnung des Hofpredigers. Belegt sind für die Jahre um 1560 zudem die schon erwähnte Erweiterung des Küchenbaus und der Einbau der Tordurchfahrt im Heidenbau, ferner die Planierung des Bergplateaus.

Im Februar 1561 ging man schließlich daran, das Areal für den nun vorgesehenen Neubau an der Südflanke zu beräumen und herzurichten. Die ehemals in diesem Bereich gelegenen Stallungen wurden in den Wirtschaftshof am Fuß des Burgbergs verlegt, und es kam zu massiven Geländeumgestaltungen. Teile des Südhangs wurden abgetragen und durch Aufschüttungen der Untergrund für die terrassenartig angelegten Zwingeranlagen modelliert. Die Aufschüttungen bestehen archäologischen Grabungen zufolge großenteils aus Brandschutt. Mutmaßlich war die mittelalterliche Burganlage also durch eine Brandkatastrophe größeren Ausmaßes heimgesucht worden.

Der »Neue Bau«, wie der Französische Bau ursprünglich genannt wurde, sollte nach anfänglicher Planung aus einem Haupt- und mehreren Untergeschossen bestehen. Kurz vor dem vorgesehen Richtfest an Pfingsten 1562 erging die Anordnung, ein weiteres Geschoss

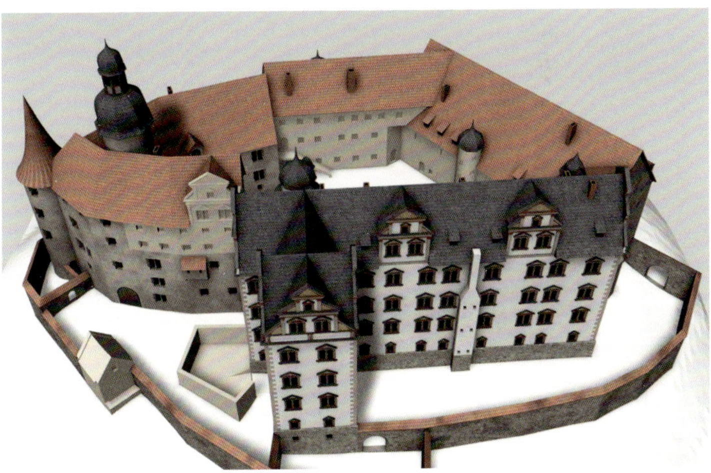

Modell der Veste Heldburg im Zustand 1565

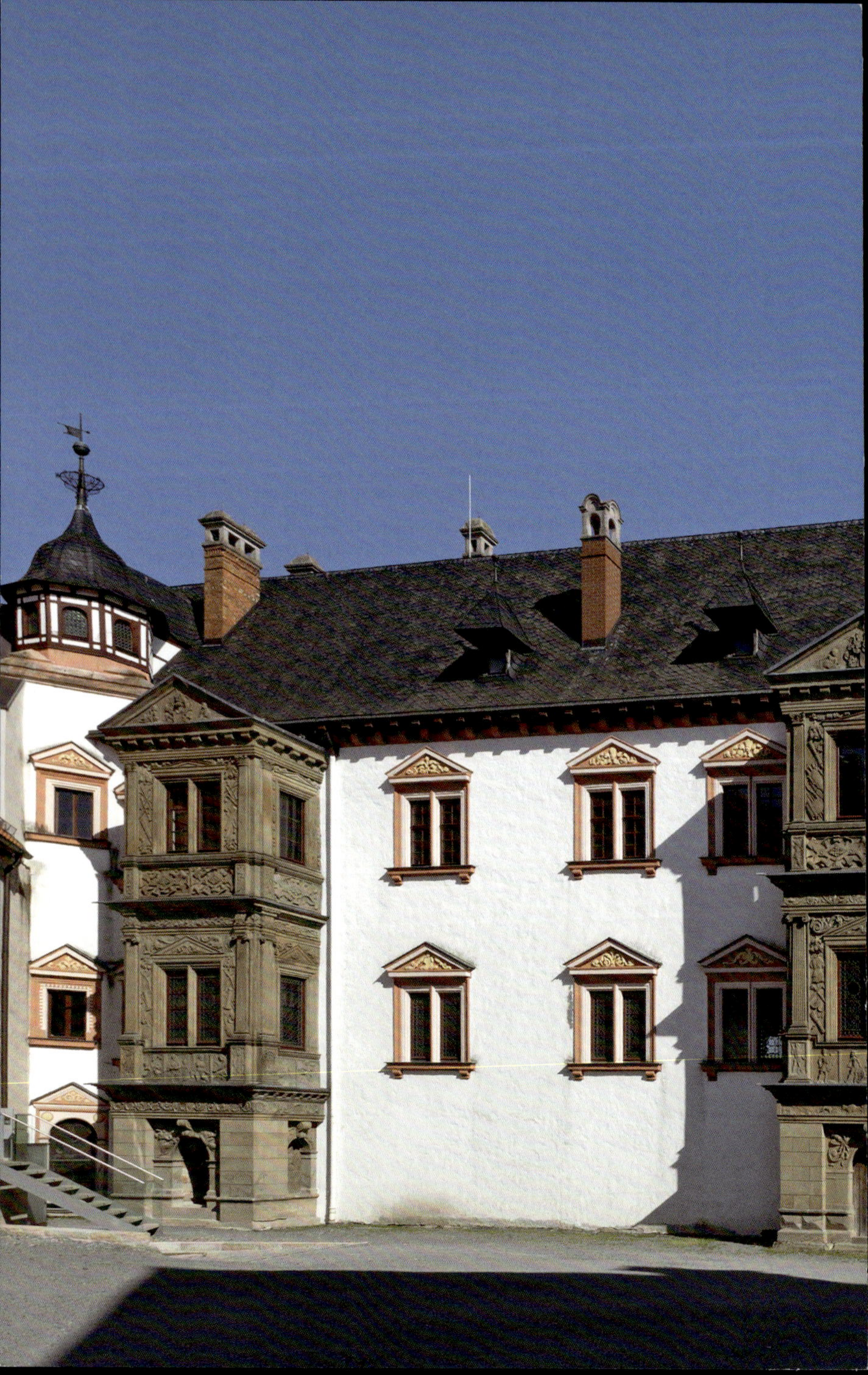

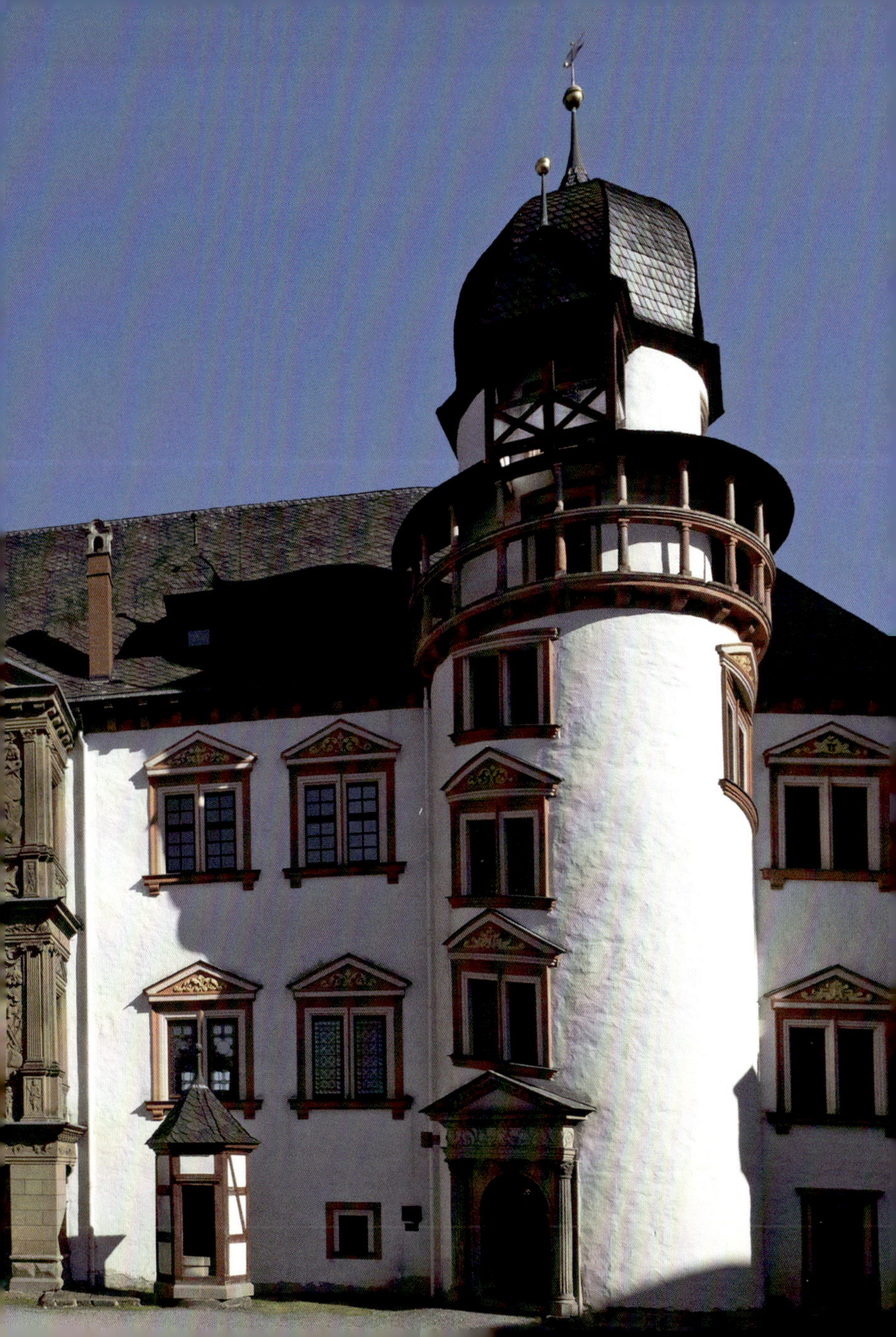

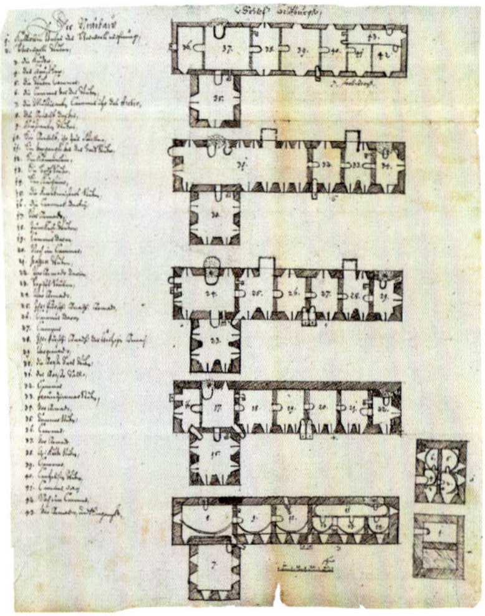

Grundriss des Französischen Baus, um 1660

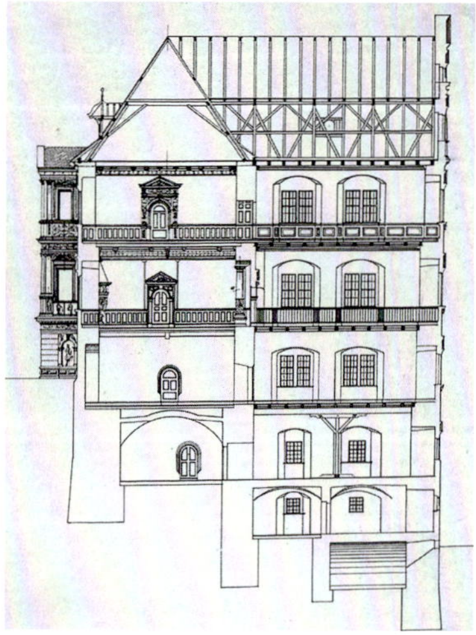

Querschnitt des Französischen Baus, 1905

aufzusetzen. Das Gebäude wurde in großer Eile hochgezogen, denn die herzogliche Familie wollte bereits zur Hirschbrunft des gleichen Jahres die Veste Heldburg besuchen. Die ältere Forschungsliteratur geht davon aus, dass die Gemächer im Hauptgeschoss tatsächlich bereits im Herbst bezugsfertig waren, doch mit Blick auf die erhaltenen Nachrichten zum Fortgang des Baus scheint dies wenig plausibel. Johann Friedrichs Gemahlin Elisabeth verbrachte gleichwohl die Wintermonate auf der Veste und gebar hier Anfang März 1563 ihren Sohn Friedrich Heinrich. Der weitere Ausbau und die repräsentative Ausgestaltung des Französischen Baus zogen sich, wie aus den Heldburger Amtsrechnungen hervorgeht, noch bis mindestens 1565 hin.

Der Grundriss des Französischen Baus folgt dem Typus des halben Kreuzes: An den von Westen nach Osten verlaufenden Längsbau ist nach der ersten, heute vermauerten Fensterachse talseitig ein kurzer, annähernd quadratischer Flügel angefügt. Über die ehemalige Ringmauer hinausgreifend und auf die Hangkante gesetzt, bildet der Französische Bau hofseitig zwei und talseitig vier Geschosse aus, wobei die Untergeschosse nur durch Fenster zum Tal hin Licht erhalten. Im Kellergeschoss ist ein Stück der Felswand sichtbar, an die das Gebäude außen angesetzt wurde. Der südliche Flügelanbau verfügt zudem

◄◄ Französischer Bau, Hoffassade

über zwei zusätzliche Untergeschosse. Einschließlich des ehemals voll ausgebauten Daches ergeben sich somit sieben Geschosse. Auf Zeichnungen des 17. Jahrhunderts erkennbare, schmuckvolle Zwerchhäuser zur Belichtung des Dachgeschosses entsprachen gestalterisch den gestaffelten Giebeln an der Süd- und Ostseite. Wohl aufgrund von Bauschäden wurden sie spätestens in den 1830er Jahren entfernt.

Die überwiegende Verwendung von Ädikula-Fenstern und -Portalen sowie die hofseitigen Standerker mit klassischer Säulenordnung kennzeichnen das Gebäude als herrschaftlichen Prachtbau. Als wohlproportionierter »Renaissancepalast« verfügt der Französische Bau zudem über großzügig zugeschnittene Räume und in den herrschaftlichen Etagen über Belichtung von zwei Seiten. Die im Haupt- und Obergeschoss entstandenen Raumfolgen mit annähernd in einer Flucht liegenden Zugängen lassen bereits den Typus der Enfilade anklingen. Die Mehrzahl der Geschosse war in einer für die Frühe Neuzeit typischen Appartementstruktur aus Vorraum, Stube und Kammer gegliedert. Der Vorraum diente dabei für die höfische Aufwartung, die Stube zum Wohnen und Arbeiten, die Kammer zum Schlafen. Einzelne Wohnräume wurden architektonisch durch Wandarkaden mit eingestellten Säulen hervorgehoben.

Aufschlussreich für die hierarchisch-funktionale Raumdistribution des Französischen Baus ist das Hauptgeschoss mit den spiegelbildlich angeordneten Appartements des Herzogs und der Herzogin: Auf Vorraum, Stube und Kammer des Herzogs folgten Kammer, Stube und Vorraum der Herzogin. Die Schlafkammern des herzoglichen Paares lagen dadurch direkt nebeneinander, und die Stuben waren durch ihre Lage hinter den Erkern besonders ausgezeichnet. Der Wohnbereich des Herzogs war dabei wesentlich größer zugeschnitten als der der Herzogin. Über dem Appartement des Herzogs wurde der Große Saal eingerichtet, an den sich über dem Appartement der Herzogin die Wohnräume des »Frauenzimmers« anschlossen. Insgesamt war für den Französischen Bau also die Teilung in einen westlichen, dem Hofstaat des Herzogs zugeordneten, und einen kleineren östlichen, dem Hofstaat der Herzogin zugeordneten Bereich prägend. Dies kommt auch in der jeweils eigenständigen Erschließung durch den Großen und Kleinen Wendelstein sowie in den prachtvollen Standerkern zum Ausdruck, die mit ihrem Bildprogramm auf die dahinter liegenden Räume Bezug nehmen und entsprechend als Herren- beziehungsweise Frauenerker bezeichnet werden.

Hierarchisch-funktional gegliedert wurden auch die nachgeordneten Geschosse. So war im Souterrain der westliche Bereich den Junkern, der östliche Bereich den Pagen vorbehalten. Im Kellergeschoss, das sich durch mezzaninartig kleine Fenster von den darüber gelegenen Zwillingsfenstern unterscheidet, befanden sich in der Westhälfte das Appartement der Musikanten, in der Osthälfte ein dreiteiliger Badetrakt. Die Appartements im Dachgeschoss dienten den Plänen der 1660er Jahre zufolge für Räte und Kanzleibeamte. Hervorzuheben ist schließlich der südliche Flügelanbau, der in allen Geschossen die Einrichtung eines saalartigen und durch Fenster nach drei Seiten besonders ausgezeichneten Raums ermöglichte. Auf der Ebene der herzoglichen Wohngemächer lag hier die Tafelstube, darüber die sogenannte Saalstube. Im Souterrain diente der Anbau zunächst als Gemach des Reichsritters Grumbach, um 1660 als Stube des Rentmeisters und 1681 als Hofstube. Im Keller darunter befand sich das Archiv. Die Beheizung der Räume erfolgte vorwiegend mit Öfen, während einzelne Räume zusätzlich über repräsentativ gestaltete Kamine verfügten. Zum gehobenen Wohnstandard zählte es in der Frühen Neuzeit, die Schlafkammer mit einem Abort auszustatten. Beim Französischen Bau kam zu diesem Zweck ein gänzlich neuartiges Abwassersystem zur Anwendung. Die hier realisierte Anordnung der Kammern neben- und übereinander ermöglichte die Bündelung von Abortschächten, die in einem erkerartigen Mauervorsprung an der Südfassade bis zum Boden geführt wurden und in ein unterirdisches Kanalsystem mündeten. Im Zuge des Einbaus von Wasserklosetts unter Herzog Georg II. wurden die Aborte verschlossen und der Mauervorsprung entfernt.

Die hierarchische Gliederung des Französischen Baus schlug sich auch in der bildhauerischen Ausstattung der Räume nieder. Die sandsteinernen Portale wurden je nach Geschoss unterschiedlich gestaltet und waren mit ihrer Schauseite immer der Stube zugewandt. Der aufwendigste Dekor war den Portalen im Hauptgeschoss vorbehalten. Diese bestanden aus einem mehrfach gefasten Rundbogen, bekrönendem Dreiecksgiebel und Medaillons mit Porträtbüsten (sogenannten Gaffköpfen) in den Zwickeln, von denen jedoch nur wenige Fragmente erhalten sind. Unterschiedlich aufwendig waren auch die Kamine dekoriert, wie die beiden erhaltenen Prunkkamine im Hauptgeschoss und ein schlichteres Exemplar im Souterrain zeigen. Seinen Höhepunkt fand der bildhauerische Dekor in dem ebenso reich gestalteten

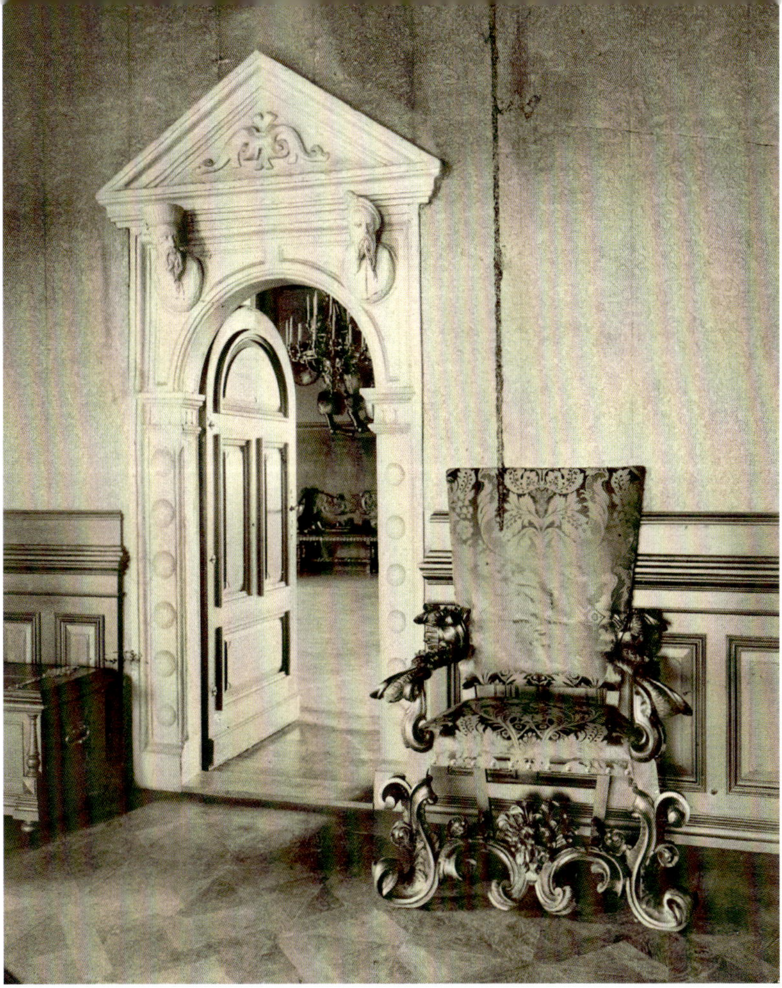

Französischer Bau, Portal im Audienzzimmer, um 1900

wie hintergründig formulierten Bildprogramm der beiden Standerker. Kündete der Französische Bau insgesamt von dem – trotz Wittenberger Kapitulation 1547 – ungebrochen hohen Repräsentationsanspruch der Ernestiner, so ist dies am Herrenerker nochmals prägnant zusammengefasst: Durch den bildlichen Verweis auf bedeutende Ahnen und die einstige Kurwürde wurde hier der Führungsanspruch gegenüber den albertinischen Vettern reklamiert.

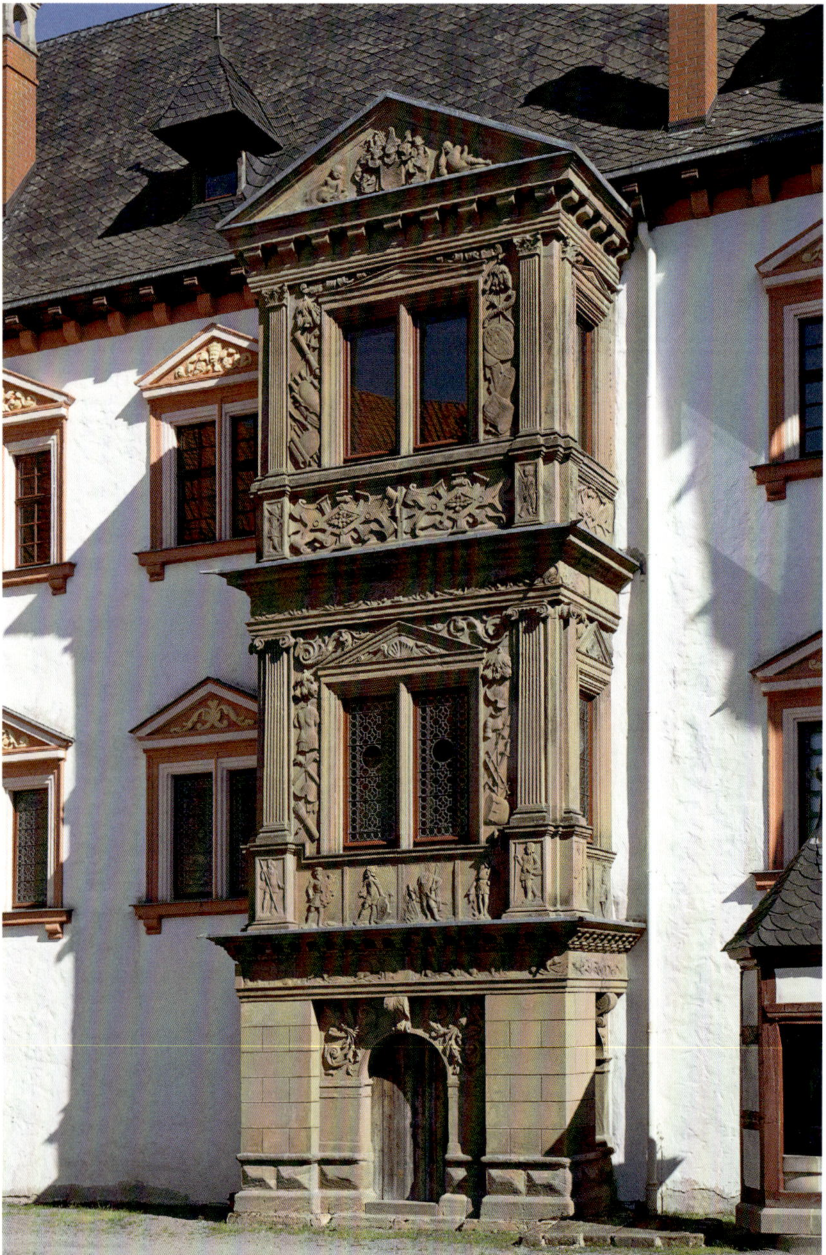

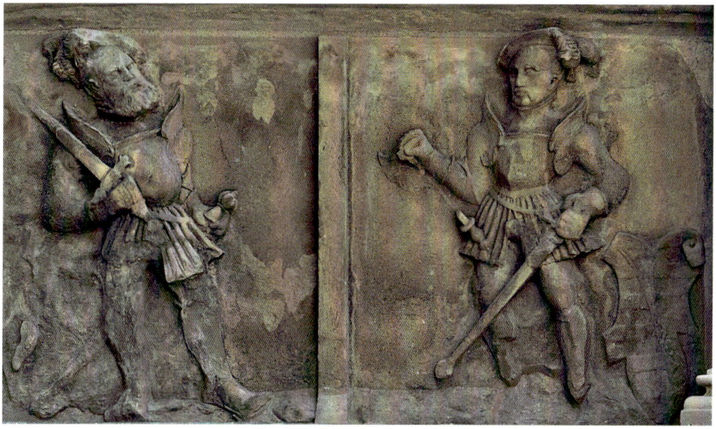

Französischer Bau, Herrenerker, Detail mit Darstellung Johann Friedrichs des Großmütigen und seines Halbbruders Johann Ernst

An dem insgesamt sehr qualitätvollen bildhauerischen Dekor war der Heldburger Bildhauer Lorentz Scharf ebenso beteiligt wie der aus Dresden gerufene Merten Lang. Ersterer war mit den Standerkern, letzterer unter anderem mit den Ziergiebeln und den Prunkkaminen beauftragt. Zahlreiche Motive wie zum Beispiel die Bildfriese der Kaminaufsätze, die Beschlagwerkornamentik der Standerker oder auch die Tugenden am Frauenerker folgen aktuellen zeitgenössischen Stichvorlagen. Andere Details verweisen speziell auf das Formenrepertoire Simon Schröters des Älteren, mit dem Baumeister Gromann wiederholt zusammengearbeitet hat. Dies betrifft etwa die Eroten am Portal der Torgauer Schlosskirche, die als Assistenzfiguren gleichfalls am Heldburger Herrenerker begegnen.

Auch zwei Söhne des Baumeisters, Daniel und Hans Gromann, waren als Maler und Steinmetzen auf der Heldburg tätig. Wandmalereien der Frühen Neuzeit sind im Französischen Bau nur in Resten erhalten, darunter architekturillusionistische Einfassungen der Portale im Souterrain. Inwieweit diese auf die Bauzeit oder aber auf Renovierungsmaßnahmen unter Herzog Johann Casimir in den Jahren um 1600 zurückgehen, scheint nicht abschließend geklärt.

Herzog Ernst dem Frommen von Sachsen-Gotha sind die schon erwähnten ältesten bekannten Pläne der Veste Heldburg zu verdanken.

◄ Französischer Bau, Herrenerker

Wohl im Zusammenhang mit der bereits in den 1640er Jahren initiierten Landesbeschreibung seines neugebildeten Herzogtums entstanden ab 1660 mehrere Serien mit geschossweisen Plänen der Heldburger Gesamtanlage wie auch der einzelnen Gebäude.

Baulich prägte der Gothaer Herzog das Bergschloss vor allem durch den Einbau einer protestantischen Schlosskirche. Diese wurde in den Jahren 1563 bis 1565 im Heidenbau südöstlich der Durchfahrt anstelle des vormaligen Pferdestalls eingerichtet. Die Umwandlung des Stalls in einen Sakralraum schlug sich in der Namengebung der Schlosskirche »zum Kripplein Christi« nieder. Durch Entfernen der Decke zum darüber befindlichen Kornschüttboden und Vergrößerung der Fenster entstand eine zweigeschossige, lichte Saalkirche. Im Nord- und Südwesten wurden hölzerne Emporen eingebaut, wobei die nördliche Empore als Orgel- und Chorempore diente und die südliche den Fürstenstand integrierte. Dem Fürstenstand gegenüber befand sich die Kanzel, und an der Südostseite stand der Altar. Eine Beschreibung des Historiographen Johann Werner Krauß aus dem Jahr 1750 lässt den einstigen Glanz der Ausstattung erahnen. Die Emporenbrüstungen waren mit biblischen Bildern und zugehörigen Sinnsprüchen geschmückt. Das hinter dem Altar an der Südwand aufgestellte Retabel zeigte Jesu Geburt im Stall zu Betlehem. Die Empороneinbauten und die Deckenbögen waren zudem mit Schnitzwerk und Malereien im Knorpelstil reich verziert und glichen darin der zwei Jahrzehnte älteren Schlosskirche im gothaischen Residenzschloss Friedenstein (Erstausstattung, heute in Gräfentonna). Der in die Wand eingelassene Kanzelkorb hingegen gehörte ursprünglich zur Renais-

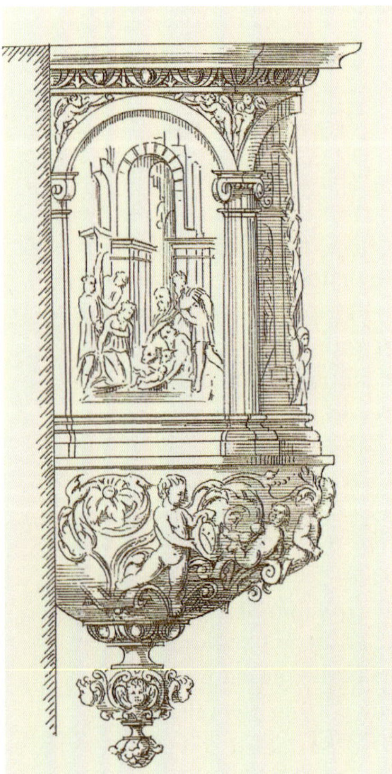

Kanzel der ehemaligen Schlosskirche, Zeichnung, um 1880

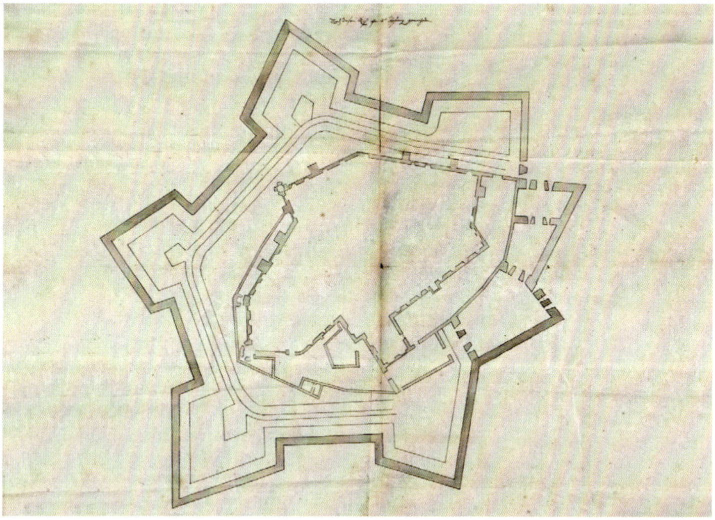

Entwurf für eine Fortifikation der Veste Heldburg, 1663 (Beschriftung am oberen Bildrand: »Nach diesem Riß ist der Anfang gemachet«)

sanceausstattung des Großen Saals im Französischen Bau und wurde bei der Einrichtung der Schlosskirche hierher versetzt. Er ist seit 1899 verschollen, aber durch Zeichnungen bekannt.

In den umfassenden Defensionsmaßnahmen, die Ernst der Fromme vor dem Hintergrund einer befürchteten türkischen Invasion im September 1663 einleitete, sollte die Heldburg als südlichstes Festungswerk eine Schlüsselrolle spielen. Der anfängliche Plan einer mächtigen Fortifikation auf sternförmigem Grundriss mit zweischüssigen Kasematten und siebenfacher Toranlage musste allerdings wegen des hohen Kosten- und Arbeitsaufwands stark vereinfacht werden. So sah der Entwurf, nach dem im November 1663 »der Anfang gemachet«, eine irreguläre Festung mit fünf Bastionen ohne Kasematten vor. Nach Ende des österreichisch-türkischen Kriegs im August 1664 wurden die Schanzarbeiten auf dem Heldburger Burgberg noch bis Dezember intensiv fortgeführt. Anschließend geriet das Projekt ins Stocken und wurde 1670 schließlich eingestellt. Von den wenigen bis zu diesem Zeitpunkt errichteten Bastionen zeugt heute lediglich noch der dreieckige Platz unterhalb des Hexenturms.

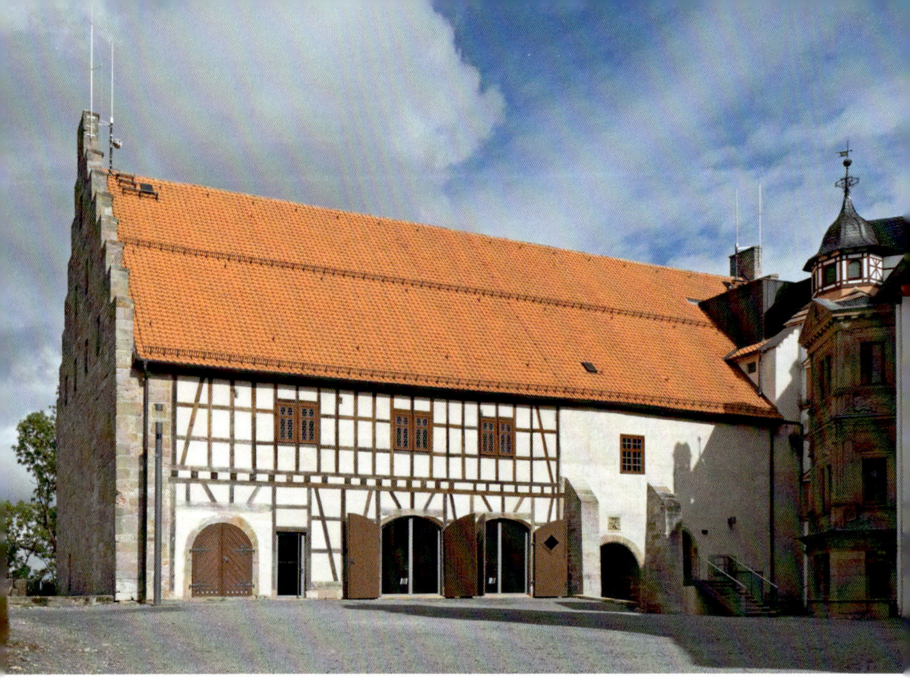

Heidenbau, Hofseite

Ernst der Fromme hatte das im Dreißigjährigen Krieg heruntergewirtschaftete Bergschloss anscheinend umfangreich instand setzen lassen. Für die nachfolgende Nutzung als Interimsresidenz des Fürstentums Sachsen-Hildburghausen waren jedenfalls keine größeren Renovierungsmaßnahmen mehr erforderlich. Auch als Ernst Friedrich von Sachsen-Hildburghausen die Heldburg ab 1712 erneut fortifizieren und als Garnisonsburg nutzen ließ, mussten an den Gebäuden selbst nur einige Reparaturmaßnahmen ausgeführt werden. Über dem Südtor am Kommandantenbau ließ Ernst Friedrich sein in Stein gehauenes Wappen anbringen. Aufwendig gestaltete sich dagegen der bis 1724 betriebene und gleichwohl unvollendet gebliebene Bau der Festungsanlagen. Durch den Wallgraben auf halber Berghöhe wurde das Burgareal um das Dreifache erweitert. Er stellt die größte topographische Veränderung des Bergkegels dar und ist noch heute deutlich im Gelände ablesbar.

Die mit dem Tod von Herzog Ernst Friedrich einsetzende, gut hundertjährige Verfallsphase spiegelt sich in Amtsberichten und frühen Reisebeschreibungen der Heldburg. 1777 stellte eine eigens dazu eingesetzte Kommission die Baufälligkeit der Anlage fest. Das Dach des Französischen Baus war in derart schlechtem Zustand, dass die Obergeschosse durch die Witterung angegriffen waren, und von der Schlosskirche hieß es, sie könne »nur mit Lebensgefahr besucht werden«. Angesichts fehlender Nutzungsperspektiven und vor dem Hintergrund langjährigen Staatsbankrotts wurde der Verfall nicht gestoppt. Lediglich an der Hoffassade des Heidenbaus kam es Anfang des 19. Jahrhunderts zu einer Notsicherung. Die einsturzgefährdete Wendelstiege und ein Teil des massiven Mauerwerks wurden abgetragen und durch eine Fachwerkwand ersetzt.

Wiederherstellung im Burgenhistorismus

Erst Herzog Bernhard II. von Sachsen-Meiningen ließ ab 1835 umfassende Erhaltungsmaßnahmen durchführen. Unter der Leitung von Landbaumeister August Wilhelm Döbner wurde der einsturzgefährdete Küchenbau bis auf das Kellergeschoss abgerissen und in eine Aussichtsterrasse umgewandelt. Die Gestaltung mit Zinnenkranz und konischen Ecktürmen erinnert an das zeitgleich von Döbner mitverantwortete Schloss Landsberg. Beim Heidenbau entschied man sich dagegen für eine aufwendige Instandsetzung. Die Giebelwände wurden neu aufgemauert und bei dieser Gelegenheit mit mittelalterlich wirkenden Stufengiebeln versehen. Zudem wurden das Dachwerk und die Geschossdecken grundlegend instandgesetzt. Auch das Dachwerk des Französischen Baus sowie Türme und Treppen erfuhren eine grundlegende Reparatur. Bereits 1839 konnte Döbner die Ausführung aller Arbeiten vermelden und bilanzieren, »dass es keiner sehr bedeutenden Kosten mehr bedarf, um wenigstens einen Theil des Schlosses wieder wohnbar zu machen«. Dazu kam es allerdings vorerst nicht. Während 1846 noch der Herrenerker und 1864 der Frauenerker am Französischen Bau restauriert wurden, beklagten Leserstimmen einer Meininger Zeitung zugleich das Fehlen einer Nutzungsperspektive für die Veste Heldburg.

Gleichwohl hatte Herzog Bernhard II. entscheidenden Anteil nicht nur am Bestandserhalt der Veste Heldburg, sondern auch an ihrer folgenreichen Konzeption als romantisches Bergschloss. So wird bereits in einem Gutachten Döbners von 1834 neben der historischen Bedeutung auch die »romantische Lage« der Heldburg hervorgehoben und damit gleichsam zum konstituierenden Bestandteil des Denkmals erklärt. Nachfolgend beschränkte man sich denn auch nicht auf die burgenromantische Akzentuierung der Aussichtsterrasse und des Heidenbaus sowie auf eine erste, durch Zeichnungen überlieferte gärtnerische Gestaltung des Schlosshofs. Vielmehr empfahl der Meininger Hofgarteninspektor Theodor Buttmann 1841, die als unrentabel eingestuften fürstlichen Nutzgärten im Umfeld der Burg aufzugeben und stattdessen den gesamten Bergkegel in eine weiträumige Parkanlage umzugestalten. Im darauffolgenden Jahr genehmigte der Herzog, »daß die Gartenanlagen an der Heldburg nach dem Plan des Garten-Inspektors Buttmann jedoch mit möglichster Beibehaltung von Obstanlagen umgeändert werden« (Staatsarchiv Meiningen, Hofmarschallamt, Nr. 2295). Das Heldburger Land, so wurde im 19. Jahrhundert schon frühzeitig registriert, trägt per se Züge eines großräumigen Landschaftsparks mit malerischen Baum- und Strauchgruppen, laubbewaldeten Höhenrücken, baumbestandenen Bachläufen und Auenwiesen. Innerhalb dieser gemäldeartigen Landschaftskulisse bildet der Burgberg mit der emporragenden Veste einen

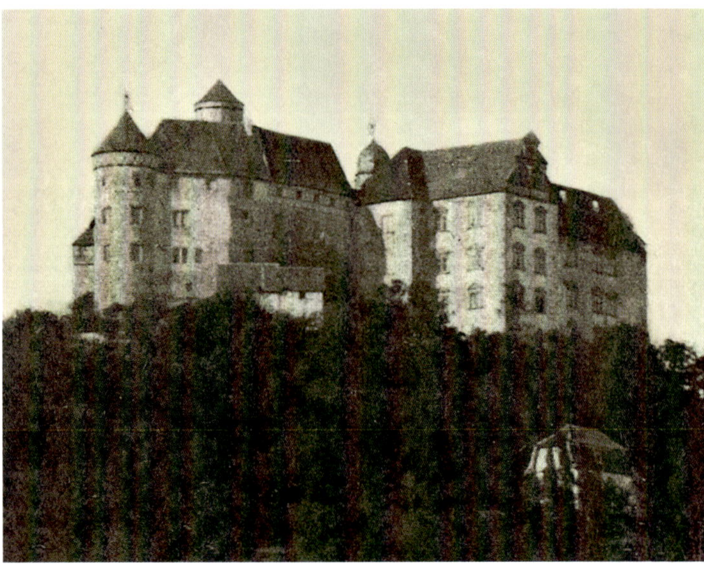

Veste Heldburg von Südwesten, Aufnahme vor 1875

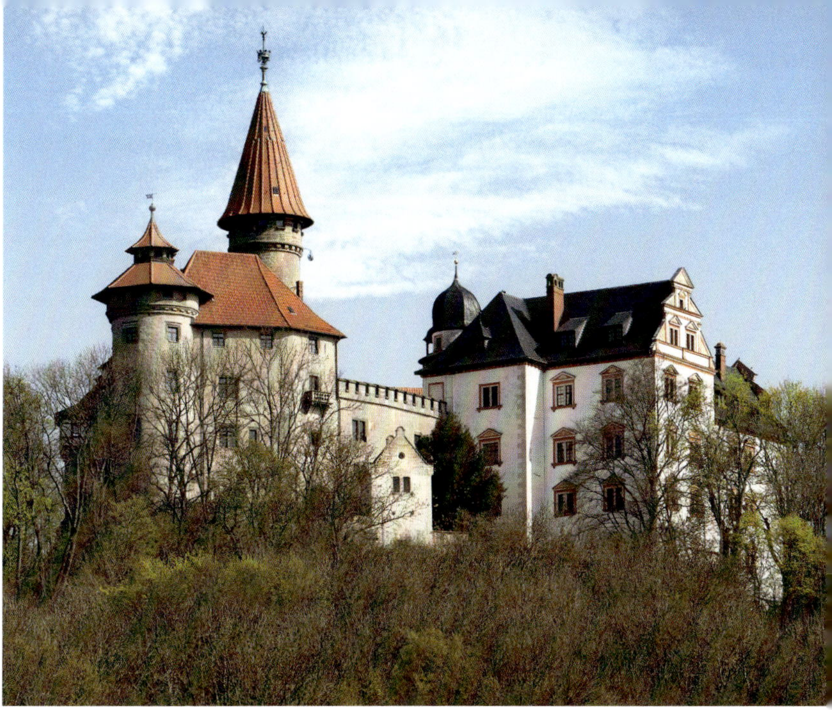

Veste Heldburg mit der von Georg II. geprägten Silhouette, Aufnahme 2014

zentralen Blickpunkt. Bernhard II., der gleichzeitig den Schlosspark Altenstein entscheidend erweitern und aufwerten ließ, fand also auf der Heldburg ideale Bedingungen für seine landschaftsgärtnerischen Interessen. Zeigt ein Stahlstich aus der Mitte des 19. Jahrhunderts den Bergkegel noch weitgehend von Wiesen, Obstbäumen und Buschholz geprägt, so muss bald darauf eine intensive Bepflanzung erfolgt sein. In seiner 1872 erschienenen *Geschichte der deutschen Renaissance* bemerkte Wilhelm Lübke neben der »malerischen Form« bereits auch die »reiche Bewaldung« des Burgbergs. Auf Plänen und Fotografien dieser Zeit ist dies ebenfalls deutlich erkennbar.

Als Bernhards Sohn Georg II. sich einige Jahre nach Regierungsantritt der Veste zuwandte, dürfte er sie in einem weitgehend bestandsgesicherten Zustand vorgefunden haben. Gleichwohl gilt er zu Recht als ihr eigentlicher »Wiederhersteller«. 1875 erfolgte der Auftakt zu der ein Vierteljahrhundert dauernden Restaurierungskampagne, die der Herzog im Sinne des Historismus als Akt der Bewahrung und

Vollendung zugleich, das heißt als Denkmalpflege und Denkmalsetzung in einem verstand. Sämtliche Gestaltungsmaßnahmen sollten stilistisch der historischen Substanz des jeweiligen Gebäudes angepasst sein. Für den Heidenbau als vermeintlich ältesten Teil der Anlage beauftragte der Herzog Türen in romanischen Formen; für den Kommandantenbau wünschte er eine einfache Ausstattung im Stil der Gotik, und der Französische Bau, dessen herausragende architekturgeschichtliche Bedeutung kurz zuvor von Wilhelm Lübke erkannt worden war, wurde in Renaissanceformen ausgestaltet. Gerade letzteres war dem Renaissanceliebhaber Georg willkommene Herausforderung. Doch der Anspruch des Bauherrn erschöpfte sich nicht in stilgerechter Nachahmung historischer Epochen. Ziel war es vielmehr, am Bauwerk den Geist der Entstehungszeit zu erspüren und diesen durch ein neu zu schaffendes Stimmungsbild wieder zu beleben.

Das im 16. Jahrhundert geprägte kompakte Erscheinungsbild der Veste wurde durch gezielte Eingriffe den historistischen Idealvorstellungen einer Burg angepasst. Die schadhaften Fachwerkgeschosse des Jungfernbaus wurden 1876 kurzerhand abgetragen und durch eine zweite, zinnenumkränzte Terrasse ersetzt. Dadurch entstand eine Zäsur zwischen dem Renaissancetrakt und der kleinteiligen, vertikal gestaffelten Kernburg, die nachfolgend noch verstärkt werden sollte. So erhielt der Hexenturm 1895 eine auffälligere Haube nach dem Vorbild des Nürnberger Sinnwellturms, und 1897 wurde der Hausmannsturm erhöht und durch ein spitzes Kegeldach über vorkragendem Zinnenkranz bekrönt. Letzteres war möglicherweise durch den Hauptturm von Schloss Neuschwanstein angeregt und verlieh der Veste Heldburg eine betonte Vertikaldominante, die sie mit zahlreichen Gralsburg-Illustrationen der Bühnenmalerei teilt. Die von Georg II. geschaffene markante Silhouette prägt die Fernwirkung der Veste Heldburg bis heute und verleiht auch dem Schlosshof den Charakter einer geradezu idealtypischen Kulissenarchitektur, vergleichbar den vom Theaterherzog geprägten Bühnenprospekten.

Mit Ausbau und Einrichtung nach seinen detaillierten Vorgaben beauftragte Georg II. zumeist Architekten seines Hofbauamts (Erwin Theodor Döbner 1875–1883, Otto Hoppe und Albert Neumeister 1883–1890 sowie Eduard Fritze 1890–1900). Charakteristisch für die Arbeit an der entlegenen Nebenresidenz sind der teils langjährige Ausführungszeitraum einzelner Maßnahmen ebenso wie die Vernachlässigung einiger bedeutender Räume. Der barocke und daher wohl nicht in das idealisierende Bergschlosskonzept passende Kirchensaal im Heidenbau verlor unter Georg II. endgültig seine Ausstattung. Bemerkenswerterweise unternahm der Herzog auch nichts zur Wiederherstellung der spätgotisch ausgemalten Burgkapelle im Jungfernbau.

Bei der Herrichtung der Räume hatte zunächst das Hauptgeschoss des Französischen Baus Priorität. In Kontinuität zur historischen Nutzung entstand hier die herzogliche Wohnsuite, allerdings wurde die Raumdistribution im Einzelnen den geänderten Bedürfnissen des 19. Jahrhunderts angepasst. Die Ausstattung erfolgte in den Formen der von Georg II. geforderten »Deutschrenaissance«. Eine Vorliebe hatte der Herzog dabei für den behaglich wirkenden Typus des »altdeutschen Zimmers«, der beispielsweise im Speisezimmer mit Erkerstübchen mustergültige Umsetzung fand. Der bauzeitliche Sandsteindekor an Portalen und Kaminen wurde nach den gestalterischen Vorstellungen der Zeit restauriert und in die Neugestaltung integriert. Die unvollständig erhaltene Serie der Gaffköpfe an den Portalen, bei denen es sich möglicherweise um historische Porträts handelte, ließ der Herzog durch entsprechende Medaillonbüsten von sich und seiner Gemahlin ergänzen. 1878 waren das Hauptgeschoss und einige Gästezimmer im Obergeschoss fertiggestellt, wenngleich es wenige Jahre später wieder zu Änderungen in der Raumdekoration kam. 1881 wurde der Große Saal im Obergeschoss in Angriff genommen und zunächst so unterteilt, dass ein Vestibül mit denselben Ausmaßen wie dasjenige im Hauptgeschoss entstand. Der Große Saal erhielt eine kassettierte Decke mit ornamentaler Bemalung und den Monogrammen von Georg und Helene, ferner prachtvolle, am bauzeitlichen Dekor orientierte Portale. Das Vestibül, dessen anfängliche Ausstattung dem Herzog missfiel, erhielt 1897 eine anspruchsvolle Neugestaltung. Hierbei wandte der Herzog sich von der »Deutschrenaissance« ab und der französischen Frührenaissance zu. Für den Raumdekor ließ er verschiedene Ausstattungselemente aus dem Loireschloss Blois zusammenstellen und bis ins Detail nachbilden. Lediglich das Bourbonenwappen wurde durch den wettinischen Rautenkranz ausgetauscht.

Dynastische Herrschaftszeichen wie im oberen Vestibül spielten bei den Neugestaltungen Georgs II. keine unwesentliche Rolle. So wurden für die Hoffassade des Französischen Baus qualitätvolle Bleiglasfenster im Stil der Renaissance mit Bildzyklen von ernestinischen

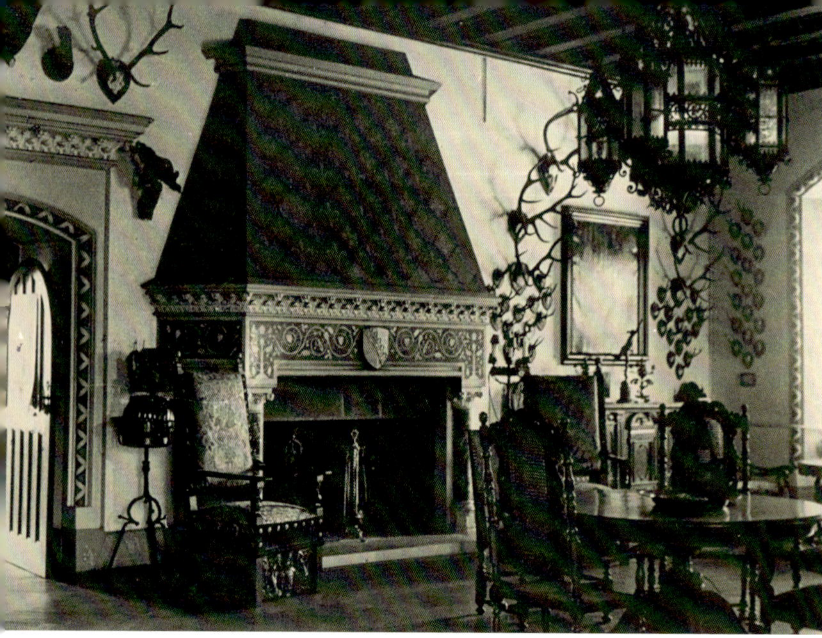

Französischer Bau, Oberes Vestibül, Aufnahme um 1900

Vorfahren, Reformatoren und griechischen Göttern angefertigt. Auch brachte der Herzog einige Ahnengemälde auf die Veste. Georg II. war sich also bewusst, dass er mit der Veste Heldburg nicht zuletzt ein eindrucksvolles Zeugnis seiner Familiengeschichte wiederherstellte. Doch im Gegensatz zum väterlichen Schloss Landsberg und zahlreichen anderen Beispielen der Burgenrenaissance sollten auf der Heldburg keine dynastischen Memorialräume mit großformatigen Historienzyklen oder Stammbäumen entstehen. Im Vordergrund stand hier vielmehr die künstlerisch-geschichtsphilosophisch motivierte und darin sehr persönlich geprägte Konzeption eines romantischen Bergschlosses. Konkret greifbar wird dies an der abschließenden Gestaltung des Kommandantenbaus mit der Freifraukemenate und dem Wandbild des Heiligen Georg an der östlichen Giebelfassade.

Der Kommandantenbau, dessen burgartigen Charakter Georg II. durch die veränderte Silhouette idealisierend hervorhob, sollte im Innern entsprechende Prägung durch ein mittelalterlich gestaltetes »Burgzimmer« erhalten. Der Herzog wünschte eine der baulichen Hülle gemäße Ausstattung in spätgotischen Formen und beauftragte ausnahmsweise einen auswärtigen Architekten, den Basler Emanuel La Roche, mit Entwürfen. Die im Zusammenhang mit der Fertigstellung 1898 erfolgte Widmung zur Freifraukemenate ließ der Herzog über dem Eingang in Stein meißeln und zusätzlich durch die Kaminverzierung mit dem Wappen der Freifrau von Heldburg anzeigen. Während die Kemenate – auch durch testamentarische Verfügung – das Gedächtnis der Freifrau wahren sollte, gestaltete der Herzog den Schlosshof zu seinem eigenen Erinnerungsort. So ließ er die Giebelfassade des Kommandantenbaus 1898 mit einer neuen Veranda versehen und durch den Bremer Maler Arthur Fitger mit einem Monumentalgemälde des heiligen Georg im Drachenkampf schmücken. Georgs Namenspatron erscheint hier nicht allein als Personifikation ritterlich-mittelalterlicher Tugenden, sondern verweist vor allem auf den Auftraggeber als Retter und Erneuerer der Burganlage. Verdeutlicht wurde dies durch die heute verlorene Wanddekoration der Veranda mit dem herzoglichen Monogramm »GS« (Georg II. von Sachsen-Meiningen).

Notwendige Voraussetzung für die Wiederbelebung der Veste Heldburg bildete der Bau einer neuen Zufahrt. Seit 1860 gelangte man über die als Fahrweg ausgebaute Neue Schlossgasse bequem bis auf halbe Berghöhe. An deren Ende ließ der Herzog 1874 den Victoriaplatz neu anlegen und von hier aus den »Neuen Fahrweg« in teils serpentinenartigen Windungen rings um den Burgberg zum Tor im Heidenbau führen. Die vom Victoriaplatz abzweigende Große Schlossgasse wurde damals in einen Fußweg umgewandelt, wie auch das gesamte Wegesystem des Burgbergs seine heutige Ausprägung unter Georg II. erfuhr. Die zahlreich neu gestalteten Spazierwege bezogen Gesellschaftsplätze und Pavillons mit ein und führten zu Bereichen seltener Frühlingsblüher wie auch zu vorhandenen oder freigelegten Felspartien. Um die von seinem Vater begonnene waldparkartige Gestaltung des Burgbergs vollenden zu können, erwarb der Herzog noch bis 1910 zusätzliche Privatgrundstücke. Der Waldpark reichte schon damals dicht an die Veste heran. Anscheinend war beabsichtigt, durch ein teilweises Einwachsen des Bergschlosses das romantische Stimmungsbild zu steigern. Im Zentrum der Überlegungen standen allerdings die im 19. und frühen 20. Jahrhundert durchgängig gewürdigten Sichtbezüge von und zur Veste. So ließ Georg II. den Schlossgarten am Französischen Bau deutlich erhöhen, um einen Blick über die Zwingermauer hinweg nach Coburg zu erreichen. Hervorzuheben

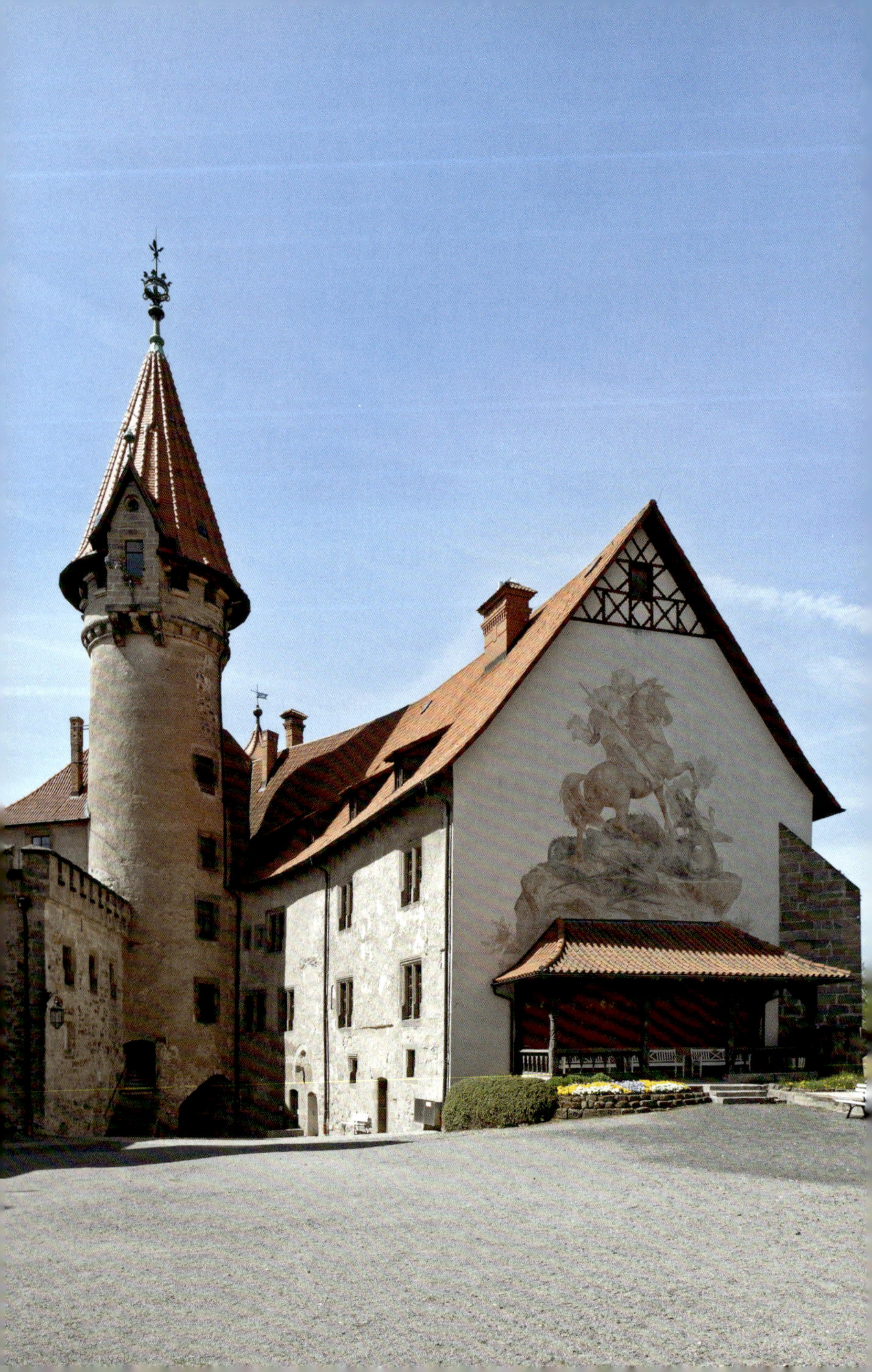

sind ferner die weiträumigen Ausblicke vom Südtor in das Heldburger Land, von der Aussichtsterrasse des Schlosshofs in den Thüringer Wald und vom erhöhten Torturm auf die gesamte die Veste Heldburg umgebende Kulturlandschaft.

Die Veste nach 1918 – Umnutzung, Verfall und Sanierung

Als nach dem Tod der Freifrau im Jahr 1923 Prinz Georg (III.) Teile der Veste bewohnte, stand diese nur noch eingeschränkt für die vom Theaterherzog vorgesehene museale Nutzung zur Verfügung. Die Freifraukemenate wurde als Speisezimmer genutzt und verlor damit ihre Bestimmung als Erinnerungsstätte. Für modernen Wohnkomfort sorgten ein 1921 gelegter elektrischer Anschluss und eine 1928 eingebaute Zentralheizung. Nach dem Tod seines Sohnes Anton Ulrich 1940 ließ Prinz Georg die Burgkapelle im Jungfernbau wiederherstellen und das darunter gelegene Geschoss mit ehemaliger Wachstube und Silberkammer zur Grablege umgestalten.

Nach der Verstaatlichung im Rahmen der Bodenreform 1945 blieb die herzogliche Wohnsuite im Französischen Bau anfänglich noch für die Öffentlichkeit zugänglich, bis 1953 eine sowjetische Militärkommandantur auf der Veste einzog. Mobiliar und Kunstgegenstände wurden damals weitgehend entfernt und auf verschiedene Thüringer Museen verteilt. Ab 1955 diente die Anlage schließlich als Kinderheim, was unter anderem zum Umbau der ehemaligen Schlosskirche in eine Turnhalle führte. Trotz der Einrichtung von Klassenzimmern und Wohnräumen blieben die älteren wandfesten Raumausstattungen zunächst überwiegend erhalten. Zu einschneidendem Substanzverlust kam es erst mit dem Großbrand am 7. April 1982, bei dem der Französische Bau bis auf die Mauern zerstört wurde. Durch ihre Lage im ehemaligen Grenzsperrgebiet zunehmend aus dem Blick der Öffentlichkeit geraten, war die Veste auch nach dem Brand mehrere Jahre als Ruine dem fortschreitenden Verfall wie auch Plünderungen ausgesetzt.

1990, unmittelbar nach der politischen Wende, begann in thüringisch-bayerischer Kooperation der Landesdenkmalämter die Rettung des Französischen Baus. Unterstützt wurde das Vorhaben von der Messerschmitt Stiftung München, der Hessen-Stiftung, der Deutschen Stiftung Denkmalschutz, der Bayerischen Landesstiftung und der Bundesrepublik Deutschland. Wichtigste Maßnahmen waren die

◀ Hofansicht nach Nordwesten

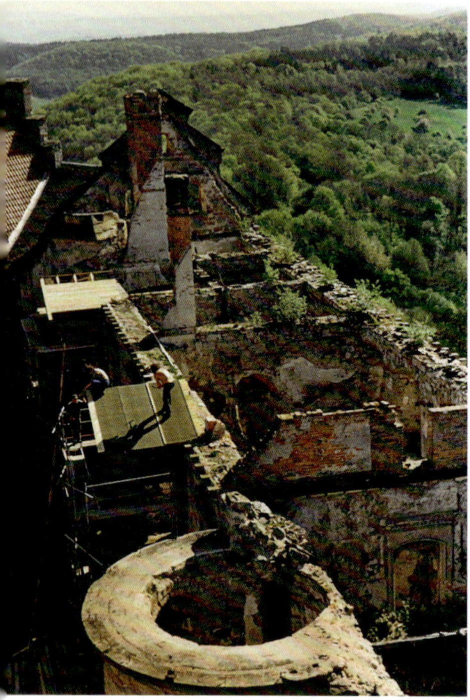

Brandruine des Französischen Baus, Aufnahme 1986

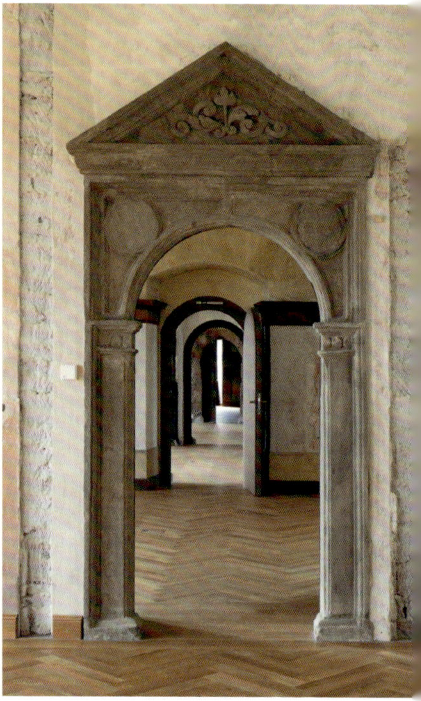

Französischer Bau, Hauptgeschoss nach Westen, nach der Innensanierung

Instandsetzung des Gemäuers und der Wiederaufbau des Daches. Auch Geschossdecken wurden eingezogen und Fenster eingesetzt. Anhand historischer Pläne und Fotografien sowie der Baubefunde erfolgte die Restaurierung der Fassade und der Treppentürme. Seit 1994 setzte die Stiftung Thüringer Schlösser und Gärten als neue Eigentümerin die Sanierung der Gesamtanlage fort. 2006 fiel die Wahl auf die Veste Heldburg als Standort des künftigen Deutschen Burgenmuseums. Daraus ergab sich die Gelegenheit zu einem groß angelegten Sanierungsprojekt, das 2009 bis 2013 mithilfe des Europäischen Fonds für Regionale Entwicklung durchgeführt werden konnte. Große Teile der Anlage wurden mit Blick auf ihre künftige museale Nutzung saniert und restauriert.

Kunstgeschichtliche Würdigung der Veste Heldburg

Mit ihrem Doppelcharakter zwischen Wehrhaftigkeit und Pracht gehört die Veste Heldburg zu den Objekten, die sich einer einfachen Klassifizierung als Burg oder Schloss, Festung oder Residenz entziehen. Die mittelalterliche Höhenburg wurde in der Frühen Neuzeit zu einem repräsentativen Bergschloss ausgebaut, das über die ehemalige Ringmauer ausgreift, nur noch eingeschränkt wehrfähig war und darin einer allgemeinen Tendenz im Schlossbau des 16. Jahrhunderts folgt. Von einer kontinuierlichen Nutzung als Nebenresidenz im 16. und 17. Jahrhundert zeugen die Aufwertung der Wasserversorgung sowie auf große Bauphasen nachfolgende Renovierungsmaßnahmen bis hin zum nachträglichen Einbau einer Schlosskirche. Die Anfang des 18. Jahrhunderts erfolgte Umwandlung zur Landesfestung schlug sich vor allem in den Wallanlagen am Burgberg nieder. Die für die Veste Heldburg belegte Nutzungskontinuität bis in das 18. Jahrhundert ist für Burgen ebenso typisch wie die anschließende Verfallsperiode, die sich indirekt an der Baulücke im Bereich des Küchenbaus und weiteren Einzelheiten ablesen lässt. Bei der anschließenden Wiederherstellung als romantisches Bergschloss im Sinne des Historismus fanden die vorgefundenen Elemente von Burg und Schloss zu einer neuen, die Heldburg bis heute prägenden Synthese.

Von herausragender kunstgeschichtlicher Bedeutung ist der Französische Bau, der zu den Schlüsselwerken mitteldeutscher Renaissancearchitektur zählt. Der von Johann Friedrich II. mit den Entwürfen und der Gesamtleitung betraute Hofbaumeister Nikolaus Gromann gehörte zu den führenden Künstlerpersönlichkeiten in Mitteldeutschland. In seinen Arbeiten bis 1560, darunter die Schlosskirche in Torgau und der Ausbau des Grimmenstein in Gotha, dominierten noch gotische Architektur mit einem auf Erker, Giebel und Tore beschränkten Renaissancedekor. Der Französische Bau hingegen gehört gemeinsam mit dem Grünen Schloss in Weimar (1562–1566) und dem Altenburger Rathaus (1562–1564) zum Spätwerk Gromanns, das die Bauformen der Renaissance in Thüringen einführt.

Hervorzuheben sind am Französischen Bau zunächst die Gesamtanlage und die Raumdisposition, darunter die nach modernsten Architekturprinzipien konzipierte Enfilade in den herrschaftlichen Etagen und die durchgängig klar gegliederte funktionale Aufteilung

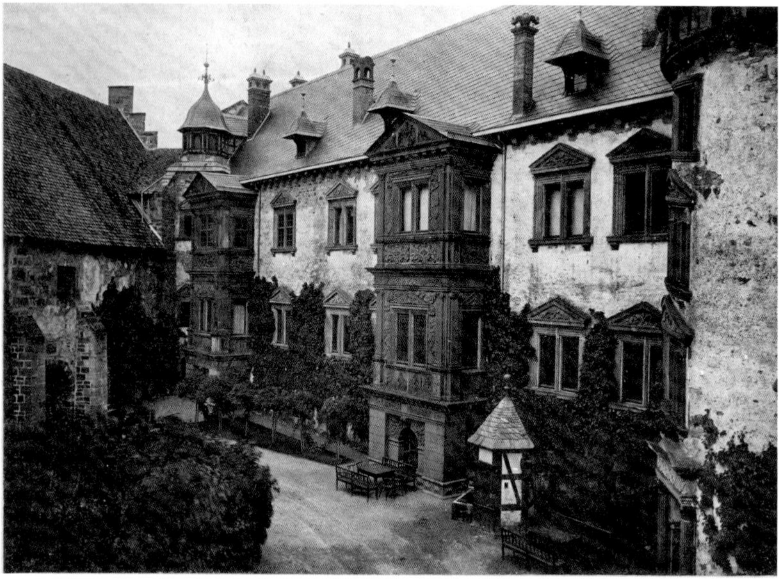

Hofansicht von Nordwesten, Aufnahme 1892

in die westliche Hälfte für den männlichen sowie die östliche Hälfte für den weiblichen Hofstaat. Gleichermaßen funktional und symbolisch begründet ist auch die separate Erschließung beider Bereiche durch den Großen und Kleinen Wendelstein. Der kurze südliche Flügelanbau und seine achsiale Anordnung zum Großen Wendelstein sind deutlich am Johann-Friedrich-Bau auf Schloss Hartenfels in Torgau orientiert (1533–1536, von Konrad Krebs errichtet). Ausblicke nach drei Seiten gewährend, vermittelt er einen idealen symbolischen Bezug des Herrschers zu seinem Territorium. Ähnliches gilt für die hofseitigen Erker, die die herrschaftlichen Gemächer hervorheben. Als Zeichen herrschaftlicher Würde waren sie nicht nur im deutschen Schlossbau, sondern auch an Rathäusern der Frühen Neuzeit verbreitet.

Herausragend ist nicht zuletzt auch der Bauschmuck. Kennzeichnend für das Gebäude ist die Reihung von Ädikula-Fenstern in sämtlichen Geschossen. Das herrschaftliche Motiv gereihter Ädikula-Fenster wurde zunächst an italienischen Renaissancepalästen geprägt;

frühe Beispiele für seine Anwendung in Deutschland sind der Fürstenhof in Wismar (1553/54) und der Ottheinrichsbau des Heidelberger Schlosses (1556–1563). Auch zahlreiche weitere am Französischen Bau verwendete Einzelformen verweisen auf transalpine Einflüsse. Dies betrifft etwa die palmettengeschmückten Tympana oder die Säulenordnung und Akanthusornamentik an den Erkern. Letztere sind bereits auch mit Rollwerkdekor geschmückt. Der bauplastische Dekor korrespondiert mit der räumlichen Distribution des Gebäudes und steht ikonographisch in engem Bezug zu den Bildausstattungen anderer ernestinischer Schlösser, insbesondere Torgau.

Die im 19. Jahrhundert maßgeblich von Georg II. geprägte Wiederherstellung der Anlage markiert neben der Renaissancezeit die zweite herausragende Epoche, in der die Veste Heldburg einen bedeutenden Platz in der Kunstgeschichte einnimmt. Unter Verarbeitung zahlreicher Anregungen und Motive wurde die Silhouette verändert und die spätmittelalterliche Kernburg idealisierend akzentuiert. Im Übrigen folgte Georg II. weitgehend der von dem französischen Architekten und Denkmalpfleger Eugène-Emmanuel Viollet-le-Duc geprägten Prämisse stilgerechter Wiederherstellung, dies gleichfalls in Verbindung mit idealisierenden Rückprojektionen. So kam es zur Neuausstattung des Französischen Baus im Stil der Renaissance, während im Kommandantenbau ein neugotisches »Burgzimmer« entstand. Raumdistribution und Komfort wurden allerdings den Standards herrschaftlicher Wohnkultur am Ende des 19. Jahrhunderts angepasst. Der dynastische Bezug zu dem einstigen ernestinischen Prestigeobjekt spielte – anders als bei vielen anderen Bauprojekten des Burgenhistorismus – für Georg II. nicht die primäre Rolle. In ihrer Inszenierung als romantisches Bergschloss und musengeprägtes Refugium ist die Heldburg dagegen mit Neuschwanstein verwandt. Nach der 2009 bis 2013 erfolgten Sanierung des Französischen Baus, bei der Teile der verloren geglaubten Raumausstattungen wiederhergestellt werden konnten, ist die Veste Heldburg zumindest fragmentarisch wieder als wichtiges Monument der europäischen Burgenrenaissance erlebbar.

Aufgaben und Ziele auf der Veste Heldburg

Sowohl der anschauliche Baubestand der Veste Heldburg wie auch die überlieferte Geschichte dieser Anlage sind in signifikanter Weise von zwei Epochen geprägt. Zunächst ist es die Herrschaft von Herzog Johann Friedrich II., dem Mittleren, die ihre deutlichen Spuren hinterlassen hat. Mit der Errichtung des schon von den Ausmaßen her stattlichen Französischen Baus von 1561 bis 1565 hat dieser Bauherr sowohl den Baukörper der Höhenfestung entscheidend geprägt, wie auch dafür gesorgt, dass der Innenhof im Sinne eines Schlosses von den beiden Standerkern bis auf den heutigen Tag dominiert wird. So ist der Französische Bau einerseits das sichtbare Denkmal der politischen Ambitionen dieses Renaissancefürsten, der damit den Führungsanspruch der ernestinischen Linie gegenüber den albertinischen Verwandten in Dresden manifestieren wollte. Andererseits ist der Französische Bau ein beispielhaftes Denkmal höfischer Kunst in der Mittlerposition zwischen den Kunstlandschaften Frankens und Sachsens. Der Französische Bau ist also gewissermaßen ein konzentriertes Abbild für die besondere historische und geographische Situation der Veste Heldburg, die einerseits eine wichtige Residenz im Machtkalkül der ernestinischen Wettiner und damit Symbol ihres ungebrochenen Kampfes gegen den Verlust der Kurwürde war, andererseits aber auch ein territorialer Vorposten der Wettiner im thüringisch-fränkischen Grenzraum.

Die zweite historische Epoche, die auf der Veste Heldburg prägende Spuren hinterlassen hat, ist vom Wirken Georgs II. von Sachsen-Meiningen bestimmt. Der Meininger Theaterherzog ließ die Veste Heldburg durch seinen Umbau, durch den Ausbau und insbesondere durch die räumliche Ausstattung zu einem Musterbeispiel eines von der Burgenromantik inspirierten historistischen »Wiederaufbaus« am Ende des 19. Jahrhunderts werden. Trotz der individuellen Geistes- und Ideenwelt Georgs II. kann man seine Ambitionen durchaus mit den anderen burgenromantischen Unternehmungen des 19. Jahrhunderts vergleichen, wie sie etwa von den Hohenzollern und den Wittelsbachern auf den Weg gebracht wurden. Gerade die Individualität der auf der Veste Heldburg gefundenen architektonischen und künstlerischen Lösungen mag es rechtfertigen, die Veste Heldburg als Kontrapost etwa zu Schloss Neuschwanstein, dem sogenannten »Märchenschloss« des bayerischen Königs Ludwig II. zu sehen.

Der von zwei Epochen entscheidend geprägte architektonische Bestand der Veste Heldburg musste den Ausgangspunkt aller Aktivitäten im Sinne der ganzheitlichen Fürsorge der Stiftung Thüringer Schlösser und Gärten in baulicher, nutzungsmäßiger und denkmalpflegerischer Hinsicht bilden. So war es Aufgabe der Stiftung Thüringer Schlösser und Gärten, neben einem tragfähigen Bestandssicherungskonzept langfristig auch angemessene Nutzungen für die Anlage zu finden. Entsprechend der Vielgestaltigkeit und Vielteiligkeit der gesamten Anlage war eine breite Nutzung aus mehreren Komponenten anzustreben, also ein kulturell orientiertes Nutzungsgeflecht.

Dabei bietet der durch Georg II. von Sachsen-Meiningen mit dem Ausbau der Veste zur Fluchtburg für seine mit Ellen Franz gewählte Privatsphäre geschaffene Mythos eines »zweiten Neuschwanstein« den idealen Ansatz für den Tourismus. Schon aufgrund der Geschichte dieser Anlage und ihres Charakters als Sehenswürdigkeit erschien aber auch eine museale Komponente unerlässlich. Immerhin erfreuten sich bereits die ersten Ansätze eines Objektmuseums über Geschichte und Denkmalpflege der Veste Heldburg, ebenso aber auch die Erlebbarkeit der Raumkunst, ansatzweise verwirklicht in der Freifraukemenate, eines ausgesprochen hohen Zuspruchs. Das große Interesse der Allgemeinheit zeigte, wie ausgeprägt die Erwartungen auch an die Erlebbarkeit höfischer Raumkunstwerke des 19. Jahrhunderts waren, so dass den noch verbliebenen Raumausstattungen Georgs II. im Französischen Bau eine besondere Bedeutung zukommen musste.

Das Wirken Georgs II. als beispielhafter Bauherr des Historismus ist bis heute wesentlicher Bestandteil des Denkmals und seiner Geschichte. Doch stehen die fragmentarischen Zeugnisse im Dialog mit den ebenfalls bruchstückhaften Befunden früherer Jahrhunderte. Nach dem Brand von 1982 und dem mehrjährigen Verfall konnte das Gebäude ab 1990 konstruktiv zwar wiederhergestellt und mit einem Dach versehen werden. Von der historistischen Ausstattung waren jedoch nur noch Fragmente vorhanden. Neben diese traten nun gleichwertig die Befunde der Renaissance, ebenso aber auch der nachfolgenden Jahrhunderte.

Als sich ab 2006 die Perspektive ergab, große Teile der Veste Heldburg im Hinblick auf eine Einrichtung des Deutschen Burgenmuseums zu sanieren, ab 2008 die Planungen hierfür aufgenommen und ab 2009 die Sanierungsmaßnahmen durchgeführt werden konnten, vermochte eine Rekonstruktion des Französischen Baus in der Gestalt des späten 19. Jahrhunderts nicht mehr das ausschlaggebende denkmalpflegerische Ziel sein. Zu viel Originalsubstanz war verloren, zu stark traten auch Befunde vorausgehender Epochen in den Vordergrund. Ähnlich stellte sich die Lage im Heidenbau, in der Pfeilerhalle des Kommandantenbaus und an den zu bearbeitenden Außenfassaden dar. Die Vielfalt der bedeutsamen Zeugnisse vom 16. bis ins 20. Jahrhundert geboten es nun, auf der Grundlage eines befundorientierten Gesamtkonzepts im Rahmen von Einzelfallentscheidungen unterschiedliche historische Nutzungszusammenhänge restauratorisch zu würdigen und wirkungsvoll in neu entstehende Raumfassungen einzubinden. Gerade im Hinblick auf die sich abzeichnende museale Nutzung sollte das Ergebnis dabei nicht nur ästhetischen, sondern in hohem Maß auch denkmaldidaktischen Ansprüchen genügen.

Als entscheidende Zäsur erwies sich der Entschluss der Wartburg-Gesellschaft e.V., das von ihr konzipierte Deutsche Burgenmuseum auf der Veste Heldburg unterzubringen. Ist doch der Burgcharakter – wenn auch nach den Vorstellungen des 19. Jahrhunderts – be-

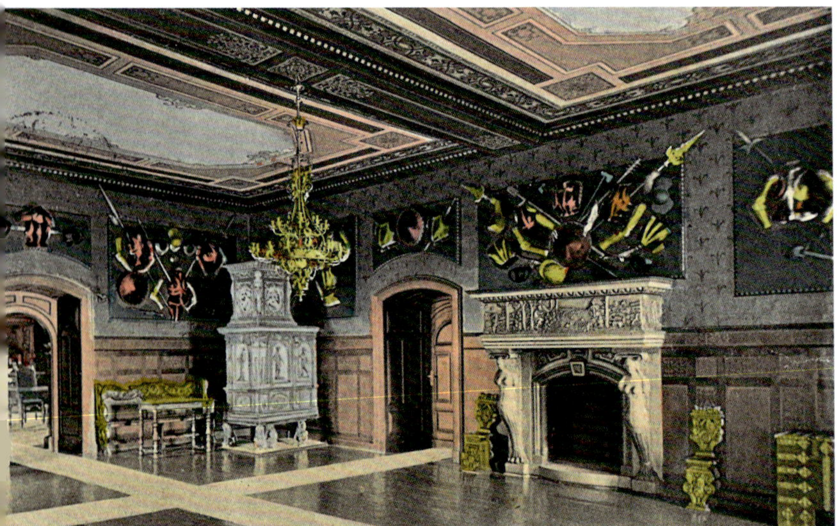

Französischer Bau, Unteres Vestibül, Postkarte, nach 1900

sonders prägend für das Denkmal. Auch geht die Anlage tatsächlich auf eine mittelalterliche Burg zurück. Zu Beginn des 14. Jahrhunderts errichteten die im thüringisch-fränkischen Raum ansässigen Henneberger Grafen hier einen Amts- und Gerichtssitz. Das heutige Bild bestimmen die Um- und Erweiterungsbauten der folgenden Jahrhunderte. Die Veste Heldburg kann mit dieser anschaulich ablesbaren Baugeschichte Standort und zugleich wichtigstes Exponat des Deutschen Burgenmuseums sein.

Neben der musealen Komponente werden mit der zukünftigen Nutzung der Veste Heldburg aber auch die gesellschaftlichen Bedürfnisse und die wirtschaftlichen Notwendigkeiten zu berücksichtigen sein. Durch eine Fortführung der gesellschaftlichen Nutzung gilt es, das Denkmal Veste Heldburg im Bewusstsein der Region fest zu verankern und damit eine Basis für das lebendige Tradieren seiner Werte zu schaffen. Der schon durch die notwendige Sanierung der Statik veranlasste Innenausbau des Kommandantenbaus wird in den nächsten Jahren noch genügend Gelegenheit bieten, die Nutzungsvoraussetzungen für ein derartiges regionales Kulturzentrum zu schaffen.

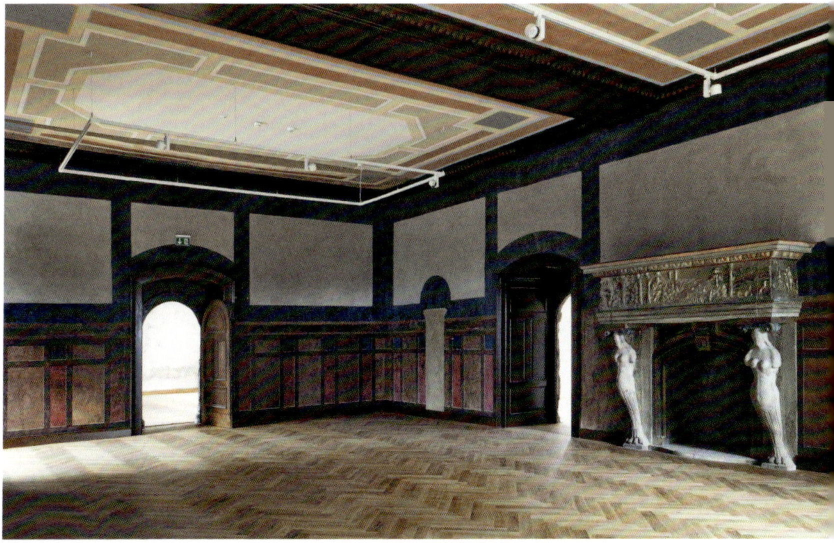

Französischer Bau, Unteres Vestibül nach der Innensanierung 2013

Rundgang

Wirtschafts- und Verwaltungsgebäude am Fuß des Burgbergs

Die Besichtigung der Veste Heldburg sollte idealerweise gleich am Fuß des Burgbergs beginnen. Unmittelbar an der Burgstraße liegt hier der sogenannte Neuhof, der – heute in Privatbesitz – zumindest von außen wahrgenommen werden kann. Der Neuhof ging im 16. Jahrhundert aus dem älteren Vorwerk Hundshauk hervor und diente als Wirtschafts- und Amtshof der Veste. Sein Herrenhaus wurde später als Amtsgerichtsgebäude genutzt. Das steinerne Erdgeschoss hat ein für die Renaissance in Mitteldeutschland typisches Nischenportal, das Fachwerkgeschoss ist mit Fächerrosetten geschmückt. Große Scheunen erinnern an das einstige Ausmaß der herzoglichen Domäne, zu der neben Ackerbau und Schafzucht auch eine große Fischteichanlage gehörte. Der sogenannte Heldburger See lag an der Nordostseite des Schildkegels und maß rund 25 Hektar, der ehemalige Damm ist noch heute im Gelände erkennbar. In Nachbarschaft zum Neuhof entstand im 19. Jahrhundert unter anderem das herzogliche Forstamt. Das weitgehend in seinem historischen Bestand erhaltene Ensemble aus Wirtschafts- und Verwaltungsgebäuden zeugt eindrücklich von den Nutzungsphasen der Veste Heldburg als Amtssitz und Nebenresidenz.

Der Burgberg – Vulkankegel, Wehranlage, Waldpark

Auf dem Burgberg lassen sich Reste der historischen Wegeführungen, alter Steinbrüche und der Befestigungsanlagen ebenso erkunden wie die in Grundzügen noch vorhandene landschaftsgärtnerische Gestaltung des 19. Jahrhunderts. Im Wesentlichen empfehlen sich drei Wanderpfade für den Anstieg zur Burg: (1) die Kleine Schlossgasse, ein alter, steiler Weg zur Burg, der auf halber Höhe ehemals durch ein Bollwerk bewacht war; (2) die Große Schlossgasse, die zunächst mit der heutigen Burgstraße identisch ist und vom Victoriaplatz aus als stark ansteigender Fußweg (Alter Fahrweg) zum Zwinger weiterführt; (3) der um 1900 angelegte Große Rundweg, der von der Kleinen Schlossgasse westlich abzweigt und in größeren Windungen zur Burg führt. Der obere Teil der Burgstraße schließlich umzieht als Neuer Fahrweg seit 1874 den Burgberg. Die Hauptwege sind durch zahlreiche Nebenwege, darunter alte Hohlwege, miteinander verbunden.

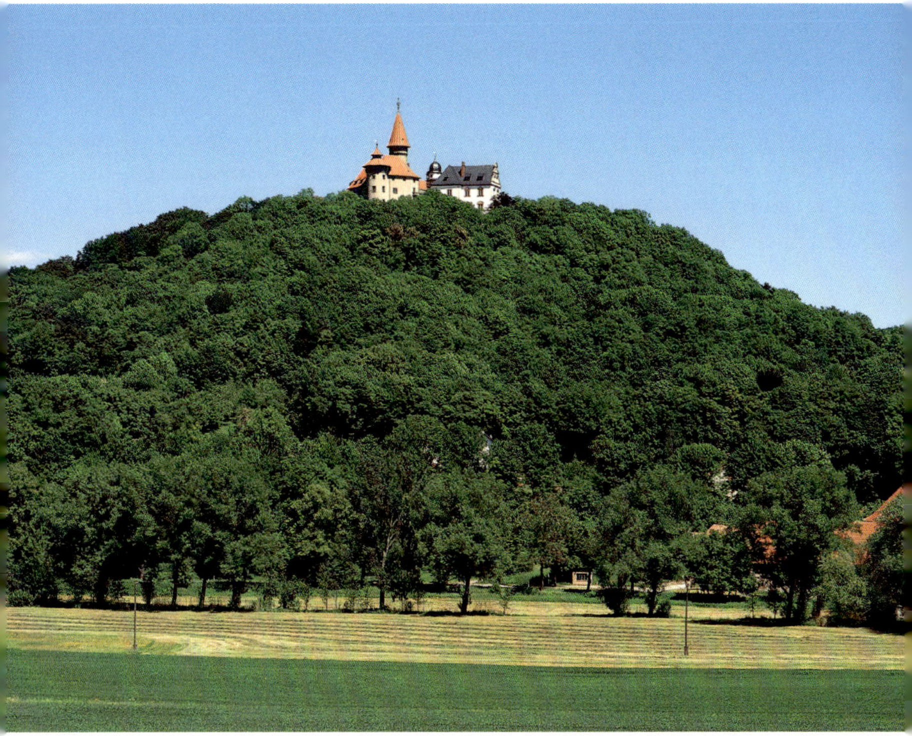

Veste Heldburg von Südwesten

Der Heldburger Burgberg geht auf einen intensiven Vulkanismus zurück, der vor elf bis 13 Millionen Jahren die Grabfeldregion prägte. Durch nachfolgende Erosion von bis zu 600 Meter Gesteinsschichten trat in Gestalt der sogenannten Heldburger Gangschar das unterste Stockwerk der Vulkane mit Fördergängen und Zulieferspalten zutage. Bei den markanten Bergkegeln der Region, darunter den imposanten Gleichbergen bei Römhild, handelt es sich um die aus basaltähnlichem Eruptivgestein gebildeten vulkanischen Dome, die als Härtling stehen blieben. Der Heldburger Burgberg besteht aus Phonolith (Klingstein). Von seiner Nutzung als bevorzugtes Baumaterial künden mehrere aufgelassene Steinbrüche, die man auf dem Großen Rundweg besichtigen kann.

Im Mittelalter und in der Frühen Neuzeit war der Bergkegel weitgehend frei von Bäumen. Dies hatte mit Sicherheit verteidigungstechnische Gründe und wurde in der Regel durch Beweidung gewährleistet. Seit dem frühen 16. Jahrhundert prägten zudem Nutzgärten das Bild. Die vornehmlich im 18. Jahrhundert auf halber Berghöhe entstandene Festungsanlage ist trotz teilweiser Verschüttung und trotz der späteren Bewaldung des Burgbergs noch heute im Gelände ablesbar. Ein Wallgraben umzieht hier in unregelmäßigen Linien den gesamten Burgberg. Deutlich zu sehen ist er beispielsweise vom Victoriaplatz aus, wo ihn die Große Schlossgasse durchquert. Anfang des 20. Jahrhunderts stellenweise noch 24 Meter breit und dreieinhalb Meter tief, dürfte der Wallgraben ursprünglich noch größere Ausmaße gehabt haben. Er war an markanten Stellen mit Bastionen bewehrt und teilweise durch Bruchsteinmauern gesichert. Eine dieser Stützmauern sieht man oberhalb der Burgstraße auf Höhe des oberen Besucherparkplatzes.

Die im 19. und beginnenden 20. Jahrhundert erfolgte landschaftsgärtnerische Gestaltung des Burgbergs ist infolge des Pflegemangels und unkontrollierten Waldwuchses seit Mitte des 20. Jahrhunderts empfindlich gestört. In der Gesamtsicht offenbart sich aber nach wie vor das gestalterische Grundkonzept des waldparkartigen Bergkegels mit bekrönendem Bergschloss, eingebettet in das malerische Heldburger Land. Die prominentesten Ausblicke in die Umgebung konnten in jüngster Zeit wieder freigeschlagen werden. Historische Sichtbezüge innerhalb des Parks lassen sich dagegen nicht mehr vollständig wieder herstellen. Von der einstigen Qualität des Waldparks zeugen vor allem das Wegenetz und der reiche Baumbestand. Einblick in die gestalterischen Intentionen Georgs II. gibt besonders der von ihm in einen Fußweg umgewandelte obere Abschnitt der Großen Schlossgasse. Felswände und Natursteintreppen, Einzelbäume und Eibenreihen sind hier zu einer Folge von inszenierten Bildern arrangiert, die sich in ihrer Wirkung zur Veste hin steigern und mit dem Blick auf den Hausmannsturm ihren Höhepunkt finden. Teil dieser Bildfolge ist die Bechmann-Linde kurz unterhalb des Zwingertors. Im Jahr 1791 pflanzte Johann Daniel Bechmann, Herzoglicher Hofsekretär und Amtsverwalter, diese Sommerlinde. Als ältester Baum auf dem Bergkegel ist die Bechmann-Linde Vorbote und Sinnbild der landschaftsgärtnerischen Gestaltung im 19. Jahrhundert. Ein Blitzschlag von 1960 hat den Stamm bis zur Wurzel gespalten, gleichwohl ist die Linde immer noch vital.

Zwinger mit Schlossgarten und Brunnen

Der Zwinger mit ehemals doppelter Toranlage stammt aus den 1560er Jahren – über die Gestalt eines anzunehmenden mittelalterlichen Vorgängerbaus ist nichts bekannt. Die vergleichsweise schmalen Zwingermauern des 16. Jahrhunderts dienten eher den Repräsentationsansprüchen des Bauherrn als einer tatsächlichen Wehrhaftigkeit. Sie umgürteten ursprünglich einen Großteil der Burganlage; weitgehend erhalten sind sie an der Südflanke. Das rundbogige Zwingertor ist mit einem Zahnfries geschmückt und lediglich mit einer seitlichen Schießscharte versehen. Ein etwa drei Meter tiefer Halsgraben vor dem Tor, der über eine Zugbrücke passierbar und 1836 noch vorhanden war (Meyers Universum, Bd. 6, 1836), ist inzwischen verschüttet. Die dem Zwingereingang vorgelagerte Schildmauer gegen seitliche Angriffe entstand erst mit der erneuten Fortifikation im 18. Jahrhundert.

Rechts hinter dem Zwingertor führt ein zweites, ebenfalls rundbogiges Tor in den ehemaligen Schlossgarten an der Südseite des Französischen Baus. Ein hier erstmals 1665 erwähnter Kabinettgarten dürfte bereits im 16. Jahrhundert angelegt worden sein. Georg II. ließ ihn 1876 zur Schaffung eines Ausblicks erhöhen. Es entstand eine am Stil des Landschaftsgartens orientierte Neugestaltung mit Schlängelwegen und ovalen Beeten. Balustraden, Agaven und südländische Gehölze verliehen dem Schlossgarten einen mediterranen Akzent. Der Zwinger erhielt insgesamt den Charakter eines Pinetums mit Zypressen, Eiben und Lebensbäumen. Mitte des 20. Jahrhunderts ging diese Gartengestaltung verloren.

Dem südlichen Burgtor gegenüber, auf der Zwingermauer, steht das Brunnenhaus mit dem Tiefbrunnen, der ab 1558 in mehrjähriger Arbeit dem Basaltkegel abgerungen wurde. Mit einer Tiefe von 110 Metern und einem Wasserstand von 50 Metern gilt er als bergmännisches Meisterstück. Zusammen mit der Zisterne im Hof verfügte die Veste in der Renaissancezeit damit über ein optimales Wasserversorgungssystem. Die 1877 erfolgte Instandsetzung des Brunnens und neugotische Überformung des Brunnenhauses zeugt vom Bemühen um ‚authentische Gestaltung', zugleich aber von den praktischen Anforderungen an die Wiederbelebungen des Bergschlosses. Die heute noch bestehende Wasserförderung mit einem 100-Liter-Eimer erfolgte vormals mithilfe einer Winde; 1928 wurde eine Unterwasserpumpe eingebaut. Im Zwickel zwischen dem Südflügel des Franzö-

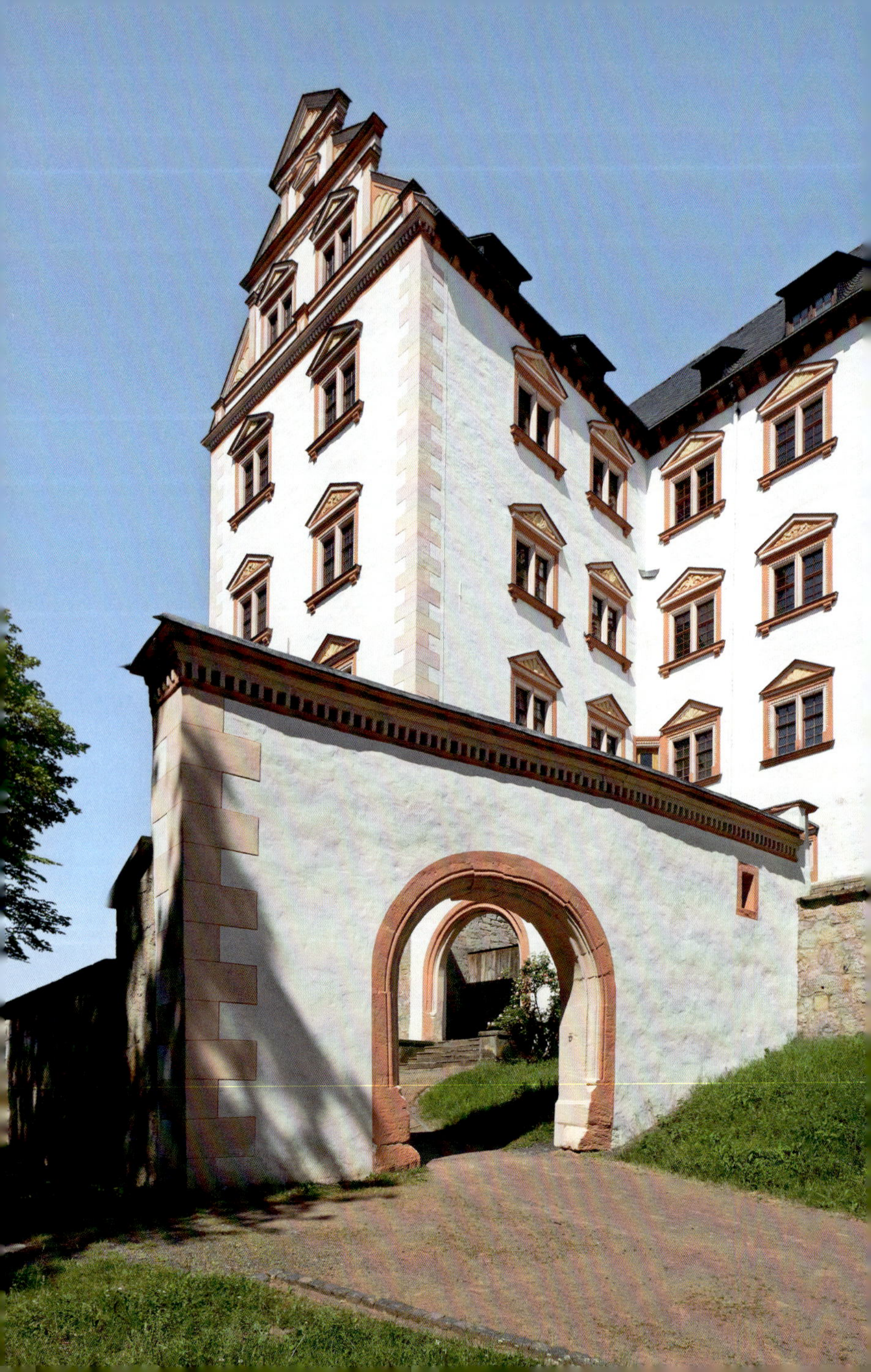

sischen Baus und dem Jungfernbau befand sich ehemals eine zum Teil in den Felsen gehauene Pferdeschwemme, in der Pferde und andere Lasttiere gesäubert und getränkt wurden.

Gesamtanlage und Schlosshof

Fünf Bauten nehmen das länglich-ovale Felsplateau vollständig ein und umschließen einen unregelmäßigen Hof. Der Jungfernbau und der Kommandantenbau im Westen bildeten spätestens unter Friedrich dem Weisen den Kernbereich der Burg. Sie lassen – trotz teilweiser Überformung in der zweiten Hälfte des 16. Jahrhunderts – Rückschlüsse auf das Ausmaß der mittelalterlichen Gesamtanlage zu. Die drei Bauten der östlichen Burghälfte greifen dagegen deutlich über die ehemalige Ringmauer aus und zeugen damit schon im Grundriss vom frühneuzeitlichen Ausbau der Heldburg. An der Südflanke erstreckt sich der Französische Bau, an der Ostseite schließt sich der Heidenbau an, und an der Nordseite öffnet sich der Hof zur Aussichtsterrasse auf dem Kellergewölbe des ehemaligen Küchenbaus. Charakteristisch für die Gesamtanlage ist die aus der Hangkantenbebauung resultierende unterschiedliche Geschosszahl zwischen Tal- und Hofseite. Den Hauptzugang bildete ursprünglich die südliche Tordurchfahrt im Kommandantenbau mit dem vorgeschalteten Zwinger. Um 1560 entstand die zusätzliche Tordurchfahrt im Heidenbau. Auf diesen neuen Zugang ist die Fassade des Französischen Baus mit Standerkern und Großem Wendelstein abgestimmt; von hier aus ergibt sich die repräsentative Idealansicht des Schlosshofs.

Hatte die Heldburg durch die Neubauten des 16. Jahrhunderts zunächst ein einheitliches, kompaktes Erscheinungsbild, so wurde dieses in der Phase des Burgenhistorismus durch gezielte Eingriffe aufgelöst. Seither bildet die zinnenbewehrte Freiterrasse des Jungfernbaus eine wirkungsvolle Zäsur der südseitigen Silhouette, wodurch der breitgelagerte schlossartige Renaissancetrakt klar von der historistisch idealisierten Kernburg getrennt wird. In die solchermaßen idealtypische Kulissenarchitektur ist hofseitig an der Giebelfassade des Kommandantenbaus das Wandgemälde des heiligen Georg im Drachenkampf eingefügt. Das mitsamt der Veranda wohlinszenierte, 1899 von Arthur Fitger geschaffene Monumentalbild verweist gleichsam allegorisch auf den Meininger Theaterherzog.

◀ Französischer Bau mit Zwinger von Süden

Grundriss Hauptgeschoss

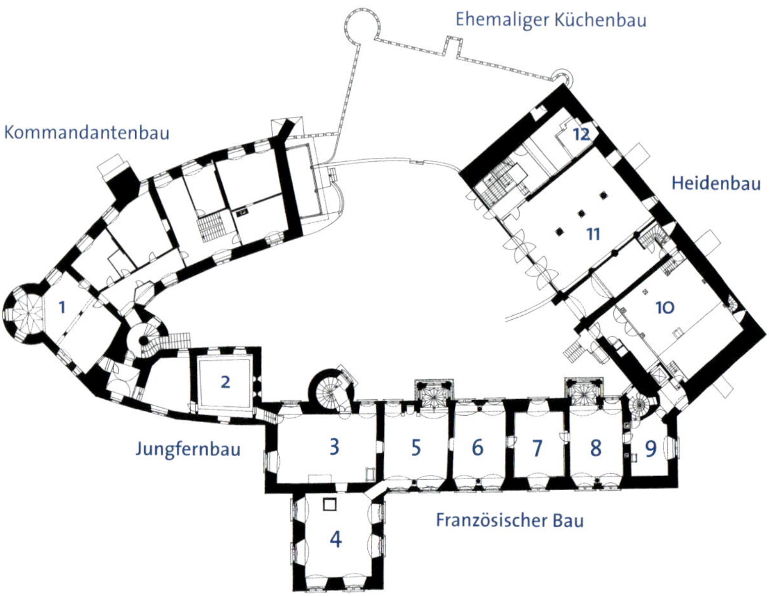

1 Amtsstube*
2 Kapelle (bis 1558 / seit 1942)
3 unteres Vestibül, *Vorgemach*
4 Audienzzimmer, *Tafelstube*
5 Speisezimmer, *Gemach des Herzogs*
6 Zimmer der Freifrau, *Kammer*
7 Schlafzimmer, *Kammer*
8 Ankleidezimmer der Freifrau (sowie Zimmer der Zofe), *Gemach der Herzogin*
9 Ankleidezimmer des Herzogs *Vorgemach*
10 Kirchensaal (1665 anstelle von Stall und Lager)
11 Remise
12 Bohlenstube

Unter der in der Renaissancezeit gepflasterten Hoffläche befindet sich nahe dem Französischen Bau die aus hochwertigen Werksteinen gebildete, noch intakte Zisterne. Um 1560 neu errichtet, besteht sie aus einer Filterkammer und einem Tank, dessen Fassung ein 1712 erneuertes Fachwerkhäuschen krönt. Der Hof mitsamt Aussichtsterrasse erhielt im 19. Jahrhundert eine intensive, maßgeblich von Georg II.

Grundriss Obergeschoss

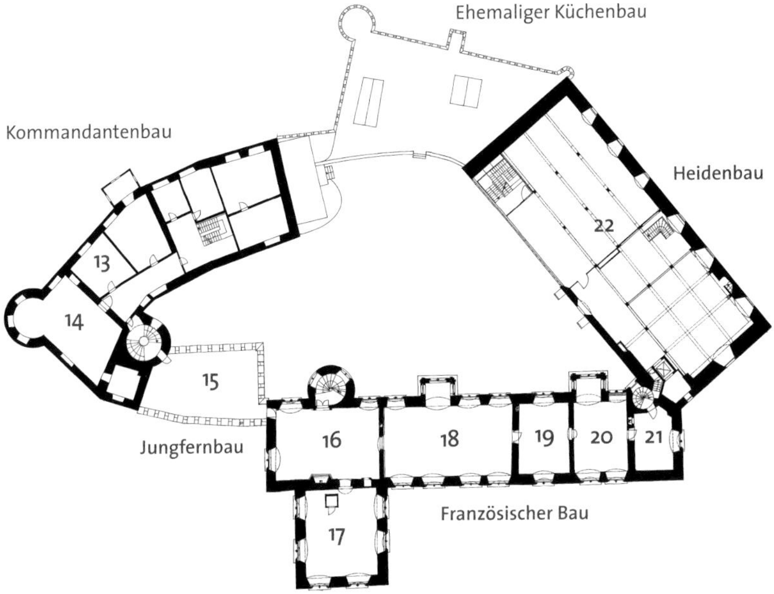

13 Nebenzimmer, *Saal (ohne heutige Trennwände)*
14 Freifraukemenate, *alte Fürstenstube*
15 Dachterasse (1876 anstelle von Fachwerkaufbau)
16 oberes Vestibül (bis 1881 Teil des Großen Saals)
17 Casimirzimmer, *Saalstube*
18 Großer Saal
19 Cavalierszimmer, *Kammer*
20 Cavalierszimmer, *Frauenzimmerstube*
21 Cavalierszimmer, *Vorgemach*
22 Schüttboden

* Heutige Raumbezeichnungen, weitgehend gemäß Nutzung um 1900; *kursiv = davon abweichende frühneuzeitliche Raumdistribution*

geprägte gärtnerische Gestaltung mit Zierpflanzen und -sträuchern, Nadelgehölzen und Formbäumen. Letztere standen vor dem Französischen Bau und waren durch Festons aus Rank- und Schlingpflanzen kunstvoll verbunden. Von besonderer Wirkung war auch die malerische Eingrünung der Fassade, doch wurde die gärtnerische Gestaltung im 20. Jahrhundert wieder aufgegeben.

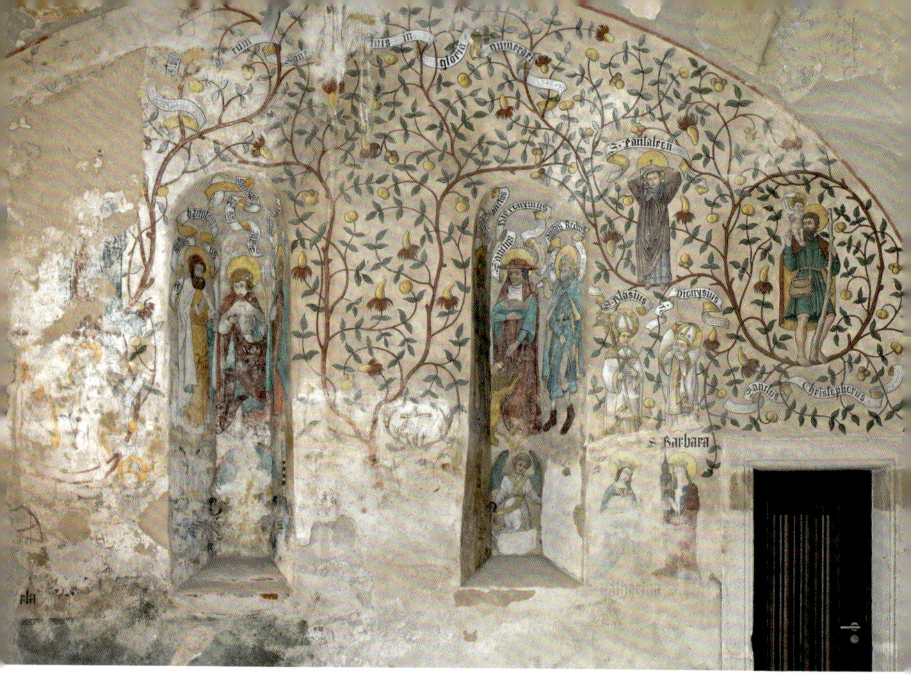

Jungfernbau, Kapelle mit 1942 übermaltem Wandgemälde

Jungfernbau

Der zwischen Kommandantenbau und Französischem Bau gelegene Trakt entstand im 14. Jahrhundert und ist damit das älteste erhaltene Gebäude der Veste Heldburg. Ein 1490 hinzugefügter stattlicher Fachwerkaufbau wurde 1875 wieder entfernt und durch die zinnenbewehrte Dachterrasse ersetzt. Aus der Epoche des Historismus stammt auch der Name »Jungfernbau«, der sich vielleicht nur noch anekdotisch erklären lässt.

Die schlichte Rechteckform und die schmalen rundbogigen Fensternischen an der Ostseite lassen vermuten, dass der Bau von Anfang an als Burgkapelle konzipiert war. Zahlreiche Spolien an den Fassaden dokumentieren die Neugestaltung der Kapelle am Beginn des 16. Jahrhunderts. Die Renaissancefenster der Nord- und Südseite weisen dagegen auf die profane Umwidmung in den 1560er Jahren hin. Ein damals in die Kapelle eingezogenes Zwischengeschoss wurde wieder entfernt, als die Familie von Sachsen-Meiningen 1940 bis 1942 den Sakralraum wiederherstellen ließ. Das spätgotische Wandgemälde an der Ostwand der Kapelle war mit seiner rundbogigen Form dem einstmals vorhandenen Gewölbe angepasst. Der hier dargestellte Zyklus der Vierzehn Nothelfer und der sogenannten Heiligen Sippe ist durch das Stifterwappen Friedrichs des Weisen ausgewiesen. Eine archivalische Nachricht deutet auf die Autorschaft von Lucas Cranach d. Ä. und Mitgliedern seiner Werkstatt im Jahr 1507, allerdings wurde das Fresko bei einer Restaurierung 1941/42 so stark übermalt, dass eine stilkritische Diskussion der Autorschaft nicht mehr möglich ist.

Im Geschoss unter der Kapelle ließ die Familie von Sachsen-Meiningen eine Gruftanlage für den im Zweiten Weltkrieg gefallenen Prinzen Anton Ulrich einrichten. Sie ist von der Tordurchfahrt aus zu betreten. Bei der Verstaatlichung 1945 aufgelöst, wurde sie 2006 wieder ihrer Bestimmung als Grablege zugeführt. Neben weiteren Familienangehörigen ist hier das Herz der Erzherzogin Regina von Habsburg bestattet, die als Tochter des Prinzen Georg (III.) von Sachsen-Meiningen auf der Veste Heldburg aufgewachsen war.

Kommandantenbau

Gemeinsam mit dem Jungfernbau bildete der um 1490 unter Friedrich dem Weisen errichtete oder erneuerte Kommandantenbau für einige Jahrzehnte den Kernbereich der Burganlage. Hier befanden sich die Hofstube und bis zur Errichtung des Französischen Baus auch die fürstlichen Gemächer. Sein heutiges Gepräge mit veränderten Geschosshöhen und dem als Treppenturm dienenden Hausmannsturm erhielt das Gebäude um 1560. Der zur gleichen Zeit entstandene kleinere Turm an der Ostseite beherbergt in seinem Untergeschoss ein kuppelförmiges Verlies mit sogenanntem Angstloch. Den Namen »Hexenturm« erhielt er im Zusammenhang mit den im 17. Jahrhundert auf der Veste geführten Hexenprozessen. Aus dieser Zeit stammt auch die gemeinsame Bezeichnung von Jungfern- und Kommandantenbau als »Amtsbau«. Die Benennung »Kommandantenbau« ist erst seit dem 19. Jahrhundert belegt.

Von den durchgreifenden baulichen Veränderungen um 1560 zeugen die Zahnschnittfenster, die Baumeister Nikolaus Gromann in allen Bauten der Veste einsetzte, ebenso wie der Treppenturm, dessen Zugänge in den einzelnen Geschossebenen mit typischen Renaissancegewänden versehen sind. Auf die vormalige Baustruktur verweist die in der Hoffassade erkennbare Fassung eines hohen spitzbo-

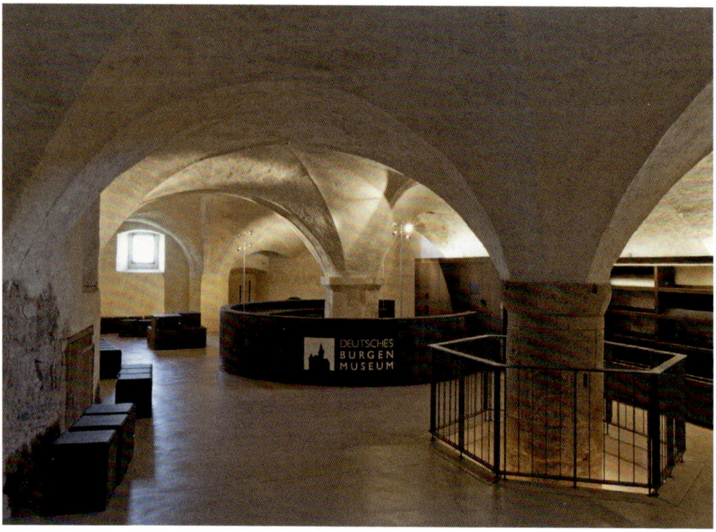

Kommandantenbau, Pfeilerhalle

gigen Portals, das in ein ungeteiltes und höheres Souterrain mit der Hofstube führte. Die Unterteilung dieses Geschosses in zwei Hälften und das Kreuzgratgewölbe der Pfeilerhalle im Westen gehen auf Gromann zurück. Die gedrungenen, unter das heutige Bodenniveau reichenden Pfeiler gehören dagegen der Entstehungsphase des Gebäudes im Spätmittelalter an. Die Pfeilerhalle wurde gemäß den Plänen des 17. Jahrhunderts als Marstall genutzt, heute dient sie als Empfangszentrum. Die Hofstube wurde von Gromann auf die Osthälfte reduziert (heute Treppenhaus und Sanitäranlagen). Eine bei der Sanierung 2010 freigelegte Kaminöffnung an der Westwand zeugt mitsamt Rußbelag anschaulich von der Nutzung als Speise- und Aufenthaltsraum des Hofstaats.

Die nachträgliche Veränderung der Geschosshöhen ist auch im Haupt- und Obergeschoss erkennbar, nämlich im jeweils östlichsten Raum an der Nordseite: Eine geschossübergreifende Blendnische zeugt mitsamt architekturillusionistischer Bemalung von einem repräsentativ gestalteten Zimmer in diesem Bereich. Die in Resten erhaltenen Malereien mit Blattfriesornament und antikisierendem Kapitell enthalten typische Elemente der Frührenaissance in

Deutschland und werden um 1530 datiert. Die drei Jahrzehnte später von Gromann in den veränderten Geschossen eingerichteten Wohn- und Repräsentationsräume wurden auch ihrerseits mehrfach überformt. Die damalige Fürstenstube im Obergeschoss mit dem erkerhaft einbezogenen Hexenturm ist jedoch im Zuschnitt der heutigen Freifraukemenate erhalten. Östlich davon war ein Saal mit ähnlichen Ausmaßen wie die Fürstenstube eingerichtet.

Die 1895 bis 1898 entstandene wandfeste Ausstattung der Freifraukemenate blieb als einziges historistisches Raumkunstwerk der Veste Heldburg von Zerstörung verschont. Für den von Georg II. als »Burgzimmer« beziehungsweise »gothisches Zimmer« konzipierten Raum lieferte der Basler Architekt Emanuel La Roche die Entwürfe. Die im sogenannten Heimatstil geprägten Flachholzschnitzereien mit naturalistischem Rankendekor fertigte die Coburger Firma Hoffmeister & Grasser, die Steinmetzarbeiten am Kamin führten Heldburger Firmen aus. Entsprechend der Widmung der Kemenate an die Freifrau von Heldburg ist der Kamin mit ihrem sprechenden Wappen geschmückt. Es wurde bei ihrer Erhebung in den Adelsstand 1873 vom Herzog eigenhändig entworfen und zeigt in diagonalen Karrees jeweils einen Ritter (Held) und eine Burg. Als Gesellschaftsraum genutzt, wurde die Freifraukemenate zur Stätte geistig-kulturellen Austauschs, den das herzogliche Paar mit Freunden, Künstlern und Intellektuellen pflegte. In Fortführung dieser Tradition steht der Raum heute für Vorträge, Lesungen und Kammerkonzerte sowie für Trauungen zur Verfügung. Das Mobiliar wurde teils bei der Umnutzung als Speiseraum 1927 und endgültig beim Einzug der sowjetischen Kommandantur 1953 entfernt. Die heutige Teilmöblierung in Anlehnung am ehemaligen Bestand erfolgte 1993. Lediglich der etwas erhöhte, zur Kemenate gehörige Nebenraum birgt noch die originalen neugotischen Wandvitrinen, die zur Verwahrung der Erinnerungsgeschenke zum 25-jährigen Hochzeitsjubiläum des Herzogspaars eingebaut wurden. Die Dekorationsmalereien an der kreuzgewölbten Decke stammen von der Coburger Malerfirma Wang. Nach außen ist der kabinettartige Raum mit einem gotisch verzierten Balkon versehen, der, hoch über dem Südtor gelegen, geradezu sinnbildlich die romantische Prägung der Heldburg verkörpert.

Eine ungleich markantere Hinterlassenschaft des Historismus ist der auf 18 Meter erhöhte Hausmannsturm mit seiner spitzen Haube über Zinnenkranz und Turmerker. Nach dem Vorbild »alter Burgen« und wohl in Erinnerung an die einstige Alarmierungsfunktion der

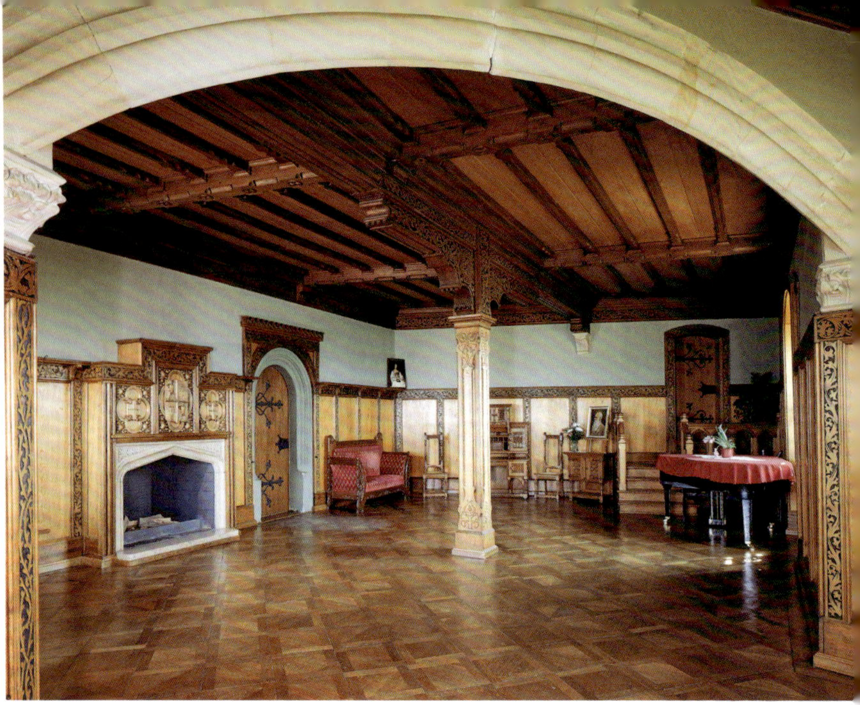

Kommandantenbau, Freifraukemenate

»Fränkischen Leuchte« ließ Georg II. am Turmerker den Feuerkorb anbringen. Im erhöhten Turminnern wurde eine gusseiserne Treppe eingebaut, die an die reinaissancezeitliche Steintreppe anschließt und in die neue Turmstube führt. Von dort genießt man einen weiten Rundblick, der über das landschaftsparkartige Heldburger Land hinaus bis zum Thüringer Wald, zur Veste Coburg, zur Rhön und an den Obermain reicht.

Ausstellung für Georg II. im Kommandantenbau

Im Dachgeschoss des Kommandantenbaus erwartet den Besucher die von der Stiftung Thüringer und Schlösser und Gärten eingerichtete Ausstellung »Gebautes Ideal – Herzog Georg II. und die Veste Heldburg«. Bilderreiche Schautafeln und ausgewählte Exponate führen das fragmentarisch erhaltene Bergschloss des Theaterherzogs als historistisches Gesamtkunstwerk vor Augen. Der Titel »Gebautes

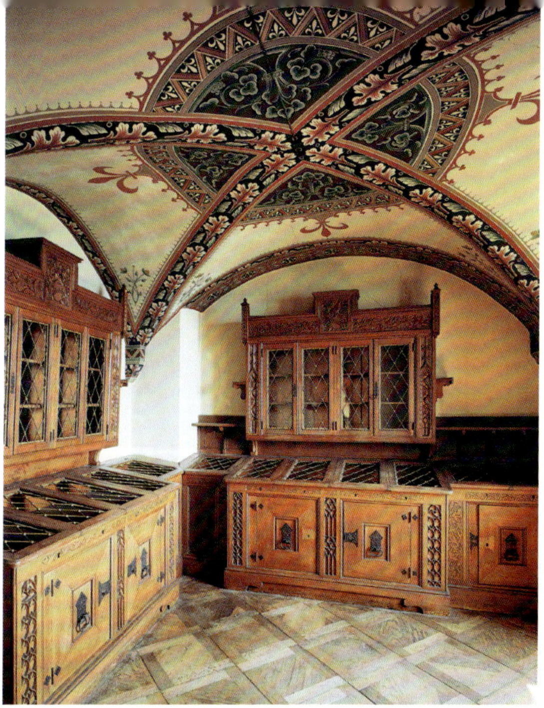

Kommandantenbau, Kabinett

Ideal« benennt ein zentrales und zugleich zeittypisches Motiv für die Wiederbelebung der Heldburg, ging es doch im Kern um die Imagination einer als vorbildlich empfundenen Vergangenheit.

Der erste Teil der Ausstellung erzählt von der Heldburg und ihrer Wiederentdeckung im 19. Jahrhundert, von Herzog Georg II. als »Künstler auf dem Thron« und von seiner dritten Gemahlin Helene Freifrau von Heldburg. Der zweite Teil beleuchtet die rund 25 Jahre dauernde Restaurierungskampagne auf der Veste. Historische Ansichten veranschaulichen die Eingriffe in die Silhouette und den Ausbau im Innern. Skizzen und Entwurfszeichnungen geben Einblick in den Schaffensprozess, der geprägt war von den künstlerisch anspruchsvollen Vorgaben und Verbesserungswünschen des Herzogs. Ein Beispiel »stilgetreuer Wiederherstellung« gibt das nach dem Brand geborgene Bleiglasfenster mit einer Darstellung Saturns. Es handelt sich um eines der Fenster, die der Herzog für den Französischen Bau anfertigen und mit Bildzyklen ernestinischer Vorfahren,

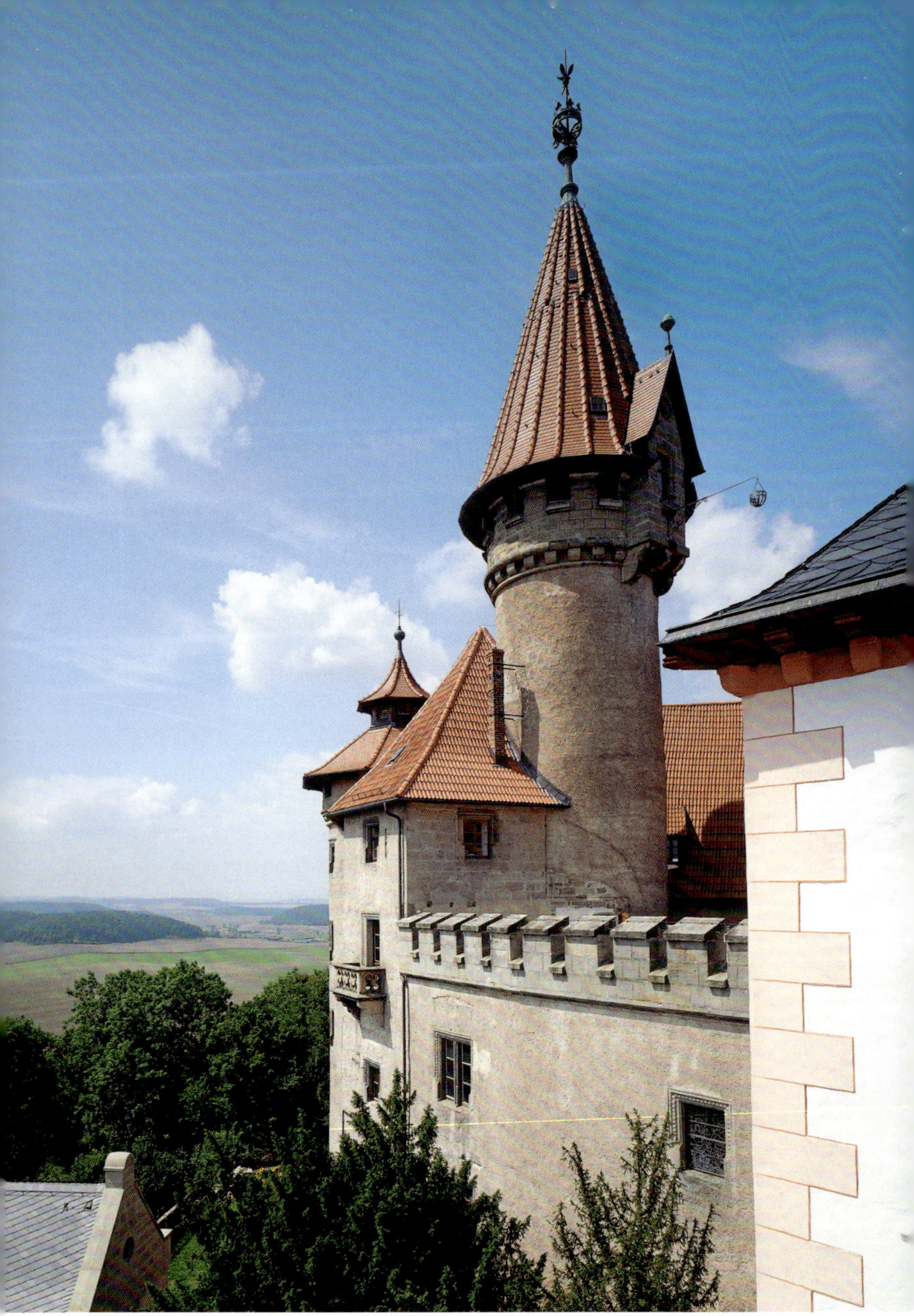

Veste Heldburg, Teilansicht von Südosten

Reformatoren und griechischer Götter gestalten ließ. Weitere Exponate, darunter italienische Majoliken der Neorenaissance, ein Ölbildnis Georgs II. aus der Hand seines Sohnes Ernst oder ein im Brandschutt geborgenes Kaffeeservice, stammen allesamt aus dem Besitz des Meininger Herzogs. Sie sind zwischen seinen Residenzen hin und her gewandert und geben eine authentische Vorstellung vom Interieur und Leben auf der Heldburg.

Der zweite Teil der Ausstellung beleuchtet das Heldburg-Projekt Georgs II. im Kontext der europäischen Burgenrenaissance sowie mit Blick auf weitere Schlösser und Villen des Meininger Theaterherzogs.

Ehemaliger Küchenbau

Der wohl in zwei Phasen unter Friedrich dem Weisen und Johann Friedrich II. entstandene Küchenbau wurde 1838 wegen akuter Einsturzgefahr bis auf das Kellergeschoss abgetragen. Die dabei entstandene mittelalterlich inspirierte Aussichtsterrasse mit Zinnenkranz bietet einen Weitblick auf den Thüringer Wald. Die ehemalige Gestalt und Raumaufteilung des Küchenbaus ist aus historischen Plänen und Zeichnungen bekannt. Das vor die mittelalterliche Ringmauer gesetzte Kellergeschoss diente als Vorratslager, im Erdgeschoss befanden sich die große Hofküche, die Backstube, die Bratküche und das Schlachthaus. Die Obergeschosse waren nur hofseitig ausgebaut, die Pläne der 1660er Jahre verzeichnen unter anderem die Wohnräume für den Mundschenk und den Koch. In Kontinuität zur einstigen Nutzung ist hier ein Gastronomiebau geplant, wobei sowohl die historische Terrassengestaltung als auch die Aussichtsfunktion mittels Glasfassaden beibehalten wird.

Heidenbau

Der 1509/10 errichtete Heidenbau diente zunächst vornehmlich als Wirtschaftsgebäude mit Ställen und Vorratslagern. Daneben verfügte er über Wohnräume für das Hofgesinde. Er wurde anfänglich als Kemenate bezeichnet, womit in Thüringen ganz allgemein große Wohn- und Ökonomiebauten gemeint waren. Der Name »Heidenbau« ist erst in der zweiten Hälfte des 17. Jahrhunderts belegt. Er dürfte auf das in der Region verwendete Attribut »heiden« für groß zurückzuführen sein. Tatsächlich hat der Bau mit einer Länge von

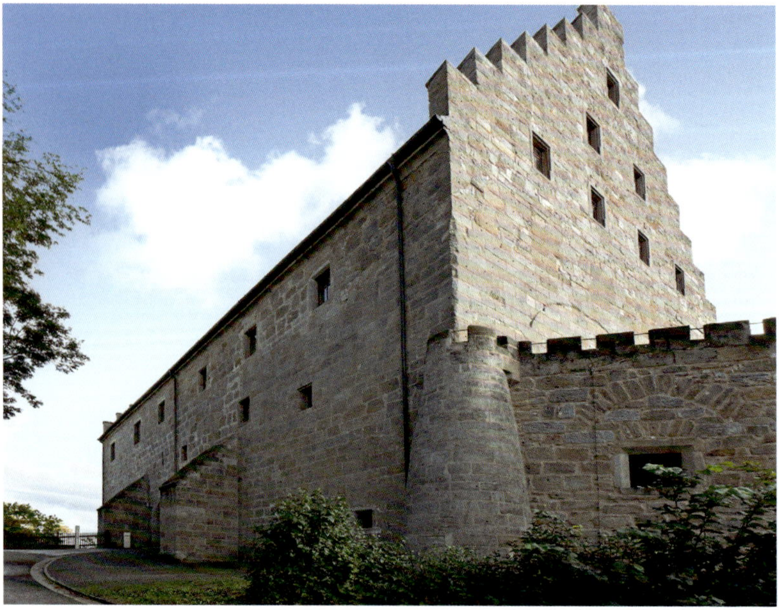

Heidenbau, Ansicht von Norden

40 Metern und einer Breite von rund 16 Metern sehr große Ausmaße. Über einem tonnengewölbten Keller folgen zwei Geschosse und ein ehemals noch steiler aufragendes Dach. Die nachträglich eingefügte, steil ansteigende Tordurchfahrt musste zum Teil in den anstehenden Phonolithfels geschlagen werden, der im unteren Wandbereich deutlich erkennbar ist. Südöstlich neben der Tordurchfahrt und zeitgleich mit dieser entstanden zwei übereinander liegende Kellergewölbe, die als Kelter und Stall genutzt wurden.

Die hochwertige Bauweise des Heidenbaus lässt sich besonders an der talseitigen Ostfassade nachvollziehen. Der untere Teil des Mauerwerks zeichnet sich durch exakt bearbeitete Steinquader aus. Im oberen Teil wurde der Bauaufwand durch die Verwendung grob bearbeiteter Quader deutlich verringert. Zangenlöcher in den Quadern zeugen von den mittelalterlichen Kränen, die mit ihren Zangen die Steine auf die Mauerkrone hoben. Das Gebäude verfügte anfänglich nur über schmale Schlitzfenster, die in späteren Nutzungsphasen

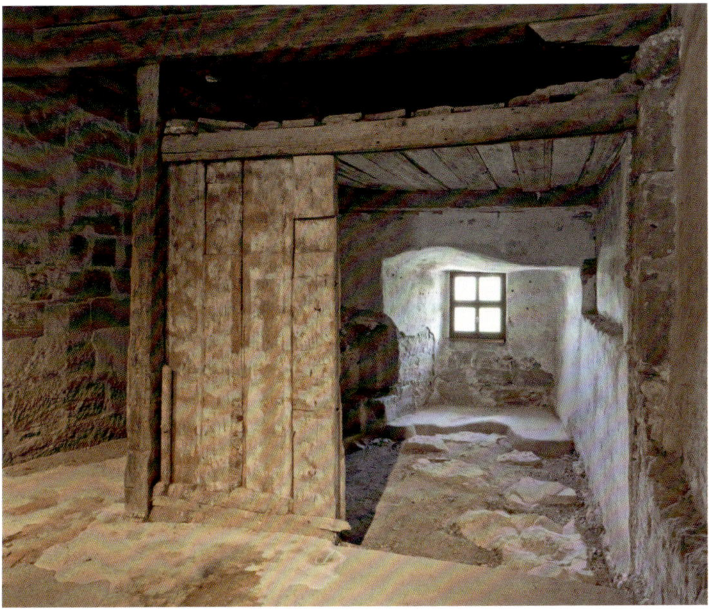

Heidenbau, Bohlenstube

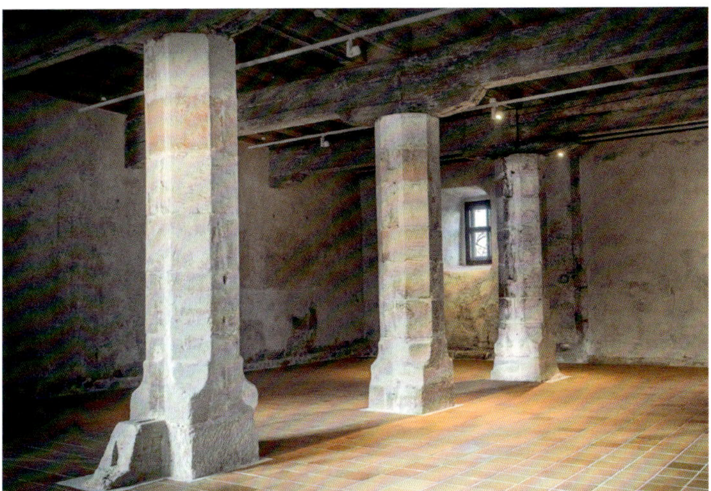

Heidenbau, Remise

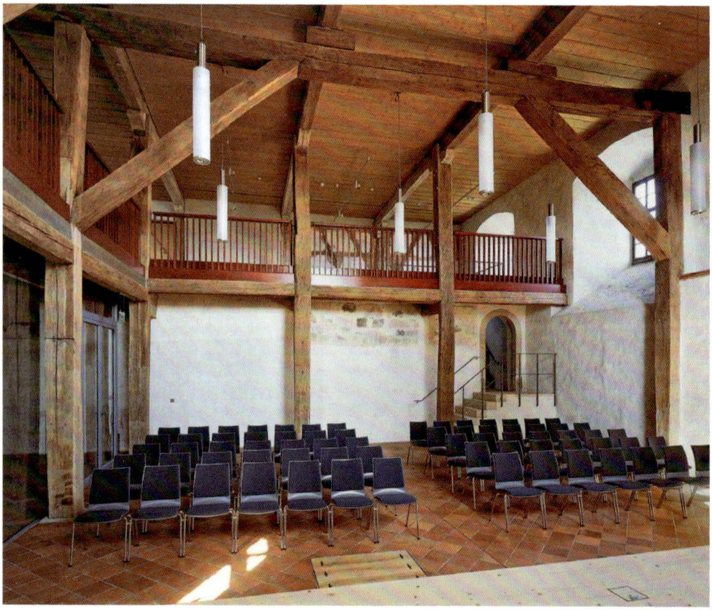

Heidenbau, Kirchensaal

vergrößert wurden. Die charakteristischen Stufengiebel und die hofseitig in Fachwerk erneuerte Wand sind Zutaten des 19. Jahrhunderts. Fassungsbefunde deuten darauf hin, dass der Heidenbau in der Renaissancezeit vollständig verputzt und farbig gefasst war. Weiße Fassadenflächen und rot akzentuierte Architekturelemente prägten das Erscheinungsbild. Die heutige Steinsichtigkeit des Gebäudes geht dagegen auf Instandsetzungen im 19. Jahrhundert zurück und war dem Burgenideal des Historismus geschuldet.

Die durch zwei Tore zum Hof geöffnete Remise ist nur der Rest einer Pfeilerhalle, die ursprünglich fast das gesamte Hauptgeschoss einnahm. Drei achteckige Steinpfeiler in der Raummitte stützen die hölzernen Deckenunterzüge. Die heute stark verblasste rot-weiße Fassung der Pfeiler dürfte wie der einstige Fassadenanstrich aus der Renaissancezeit stammen. Eine zweite Pfeilerreihe ist in der Trennmauer zur nachträglich eingebrochenen Tordurchfahrt noch deutlich erkennbar. An den ehemaligen, im 19. Jahrhundert abgebrochenen Treppenturm, der halbseitig im Gebäude, halbseitig im Hof lag, erinnern in der Remise noch die entsprechend zurückgeschnittenen Deckenbalken. Hinter der bauzeitlichen Querwand im nordwestlichen Bereich des Hauptgeschosses befindet sich das heutige Treppenhaus. Hier hat sich eine kleine Bohlenstube erhalten. Sie wurde wohl im 16. Jahrhundert aus mehrfach wiederverwendeten Hölzern gezimmert, die ihrerseits in die Jahre 1488/89 datieren. Die gleichsam als Holzverschlag in ein größeres Bauwerk hineingestellte Stube wurde durch einen Ofen beheizt und ermöglichte damit einen gewissen Wohnkomfort. Zusammen mit einer kleinen Schlafkammer oberhalb des Kellerabgangs und einem – an der Nordwestseite belegten – Abort bildete sie das Appartement des Kellermeisters. Ober- und Dachgeschoss sind mit einer mehrgeschossigen hölzernen Stützenkonstruktion versehen. Der Schüttboden nahm ehemals das gesamte Obergeschoss ein; die unterteilende Fachwerkwand geht auf den nachträglichen Einbau des Kirchensaals.

An die 1665 eingeweihte und im 19. Jahrhundert aufgelassene Schlosskirche im südöstlichen Gebäudeteil erinnern heute nur noch der Zuschnitt als zweigeschossiger Saal mit großen Oberlichtern, ferner die torsoartige Emporenkonstruktion mit Deckenpfeilern und schließlich der in der Nordostwand geführte Kanzelaufgang. Bei dem spätgotischen Türgewände zum Kanzelaufgang handelt es sich um ein wiederverwendetes Bauteil. Bei der Sanierung des Heidenbaus (2009–2011) wurde eine Teilwiederherstellung der historischen Raumausstattung wegen der unzureichenden Quellenlage bewusst vermieden. So heben sich heute nicht nur die neu hinzugefügten Treppen, sondern auch die neuen Brüstungsgeländer der Emporen gestalterisch deutlich vom historischen Bestand ab.

Französischer Bau

Mit der Errichtung des Französischen Baus unter Johann Friedrich II. wurde die Burganlage in ein höchst repräsentatives, auch für längere Hoflager geeignetes Bergschloss verwandelt. Ursprünglich als »Neuer Bau« bezeichnet, erhielt er seinen heutigen Namen erst in den 1830er Jahren. Der talseitig fünf- bis siebengeschossige Prachtbau ist durch Ädikula-Fenster mit bekrönendem Dreiecksgiebel gegliedert, wie auch die Portale mehrheitlich als Ädikula gestaltet sind. Nur vereinzelt finden sich spätgotische Motive wie die gekehlten

Fenstergewände des Kellergeschosses mit in den Ecken sich kreuzenden Rundstäben. Im Übrigen präsentiert sich der Französische Bau weitgehend im Renaissancestil. Der ornamentale Dekor der Fenstergiebel mit Muschel-, Palmetten- und Rankenzier prägt in ähnlicher Form auch die gestaffelten Dachgiebel an der Süd- und Ostseite. Das nach dem Brand von 1982 neu ausgeführte Schieferdach mit seinen Dachgaupen geht auf das 19. Jahrhundert zurück. Ehemals befanden sich hier zwei den Giebeln vergleichbare Zwerchhäuser zur Belichtung des voll ausgebauten Dachgeschosses. Aus dem 17. Jahrhundert stammt die – nach 1990 wiederhergestellte – Farbfassung mit weißen Fassaden, abgesetzter Eckquaderung und mehrfarbiger Gestaltung der Fenstergewände. Die bauzeitliche Fassung hingegen war den Befunden zufolge außen wie innen weiß mit vornehmlich gelb akzentuierten Architekturelementen.

Die zweigeschossige Hoffassade wird vom sogenannten Großen Wendelstein und zwei prachtvollen Standerkern im Stil der Hochrenaissance mit klassischer Säulenordnung dominiert. Das Portal am Großen Wendelstein ist durch seine prunkvolle Gestaltung mit kannelierten korinthischen Säulen und reich verziertem Gebälk als Hauptzugang hervorgehoben. Zusätzliche Betonung erfährt der Wendelstein durch die originelle Galerie mit zwei übereinandergestellten toskanischen Säulenreihen. Die untere Reihe ist in Stein, die obere in Holz ausgeführt. Der Kleine Wendelstein, der als architektonische »Gelenkstelle« im Zwickel zwischen Heidenbau und Französischem Bau platziert ist, tritt nur mit seinem Turmaufsatz hervor und ist mit einem schlichteren Portal versehen.

Wie das Hauptportal heben sich auch die Standerker durch ihre Steinsichtigkeit wirkungsvoll von der Fassade ab. Sie wurden ursprünglich von Karyatiden und Hermen getragen, die man jedoch bei der Restaurierung im 19. Jahrhundert durch schlichtes Quadermauerwerk ersetzte. Die etwa lebensgroßen Stützfiguren waren Teil des reichen Bildprogramms, das als Relief in dünnen Sandsteinplatten beide Erker überspannt. Das Sockelgeschoss ist jeweils mit einem Rundbogen und Tonnengewölbe versehen, wobei der Herrenerker ehemals Zugang zum Kellergeschoss des Gebäudes gewährte. Im Haupt- und Obergeschoss werden die Erker von ionischen und korinthischen Pilastern eingefasst, den Abschluss bildet ein Dreiecksgiebel.

Der bildhauerische Dekor ist von der Forschung erst in Ansätzen erschlossen. Zentrale Bedeutung für das Bildprogramm haben die

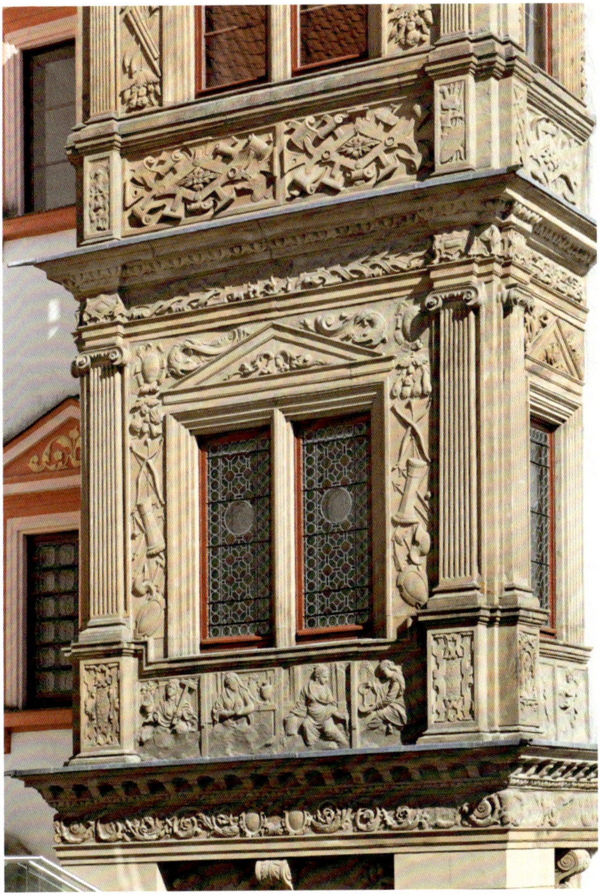

Französischer Bau, Frauenerker, Detail

Wappen in den Giebelfeldern und die figürlichen Darstellungen auf den Brüstungszonen des Hauptgeschosses. So wird der westliche Erker mit dem sächsisch-ernestinischen Wappen und einem Heldenzyklus im Hauptfries als Herrenerker bezeichnet, der östliche mit dem pfälzischen Wappen und einem Tugendzyklus im Hauptfries als Frauenerker. Die acht Tugendallegorien – gut erkennbar sind lediglich Fides, Spes, Fortitudo und Temperantia an der Frontseite – folgen einer Plakettenserie des Nürnberger Künstlers Peter Flötner. Die großenteils geharnischten Helden am Herrenerker sind durch Wappen und teilweise durch Porträtdarstellung individuell gekennzeichnet. Es handelt sich wohl zum größeren Teil um Figuren aus dem wettinischen Herrschaftshaus und zum kleineren Teil um Verbündete. An der Ostseite ist der letzte ernestinische Kurfürst Johann Friedrich I. zu sehen, dessen prägnante Darstellung mit über die Schulter gelegtem Kurschwert auf Porträts der Cranach-Werkstatt rekurriert.

In der Präsentation von Tugenden und Helden führt das Bildprogramm der Standerker frühneuzeitliche Herrscherideale im Sinne einer »guten Regierung« vor Augen. Mit den Hauptfriesen korrespondieren die in den oberen Geschossen zu Seiten der Fenster eingelassenen Relieffelder, die am Herrenerker Kriegstrophäen, am Frauenerker hingegen Jagdzeug und Musikinstrumente zeigen. Als Symbole für Krieg, Jagd, Künste und Fest ergänzen sie die Präsentation unterschiedlicher symbolträchtiger Betätigungsfelder des Herrschers. Zugleich unterstreichen sie den antithetischen Bildaufbau der beiden Erker mit männlich konnotierten Kriegszeichen auf der einen und weiblich-musisch konnotierter Friedensthematik auf der anderen Seite. Der Herrenerker mit seiner als Ahnengalerie gestalteten Heldenserie verkörpert zudem die spezifischen Herrschertugenden des Hauses Sachsen. Der Verweis auf bedeutende Ahnen diente klassischer Weise als dynastisch begründete Legitimation aktueller Herrschaftsansprüche. Die Betonung der einstigen Kurwürde der ernestinischen Linie zeugt hier von den revisionspolitischen Hoffnungen Johann Friedrichs II., die sich freilich nur wenig später endgültig zerschlagen sollten.

Des Weiteren zieren die Standerker zahlreiche allegorische und satirische Motive, die insgesamt auf ein reformatorisches Herrschaftsprogramm mit parodistisch formulierter Kritik an kirchlichen und weltlichen Missständen schließen lassen. Am Sockelgeschoss des Herrenerkers etwa finden sich in seitlichen Blendnischen ein schalmeiblasender Pan und eine Frauengestalt mit einem geblähten Segel; ihre Pendants am Frauenerker bilden ein Narr mit Dudelsack und ein engumschlungenes Paar in frivoler Szene. Am Herrenerker folgt über dem Sockelgeschoss ein Tierfries, unter anderem Bären, Hasen, Eidechsen, Füchse. Im Kontext zeitgenössischer Streitschriften dürfte es sich dabei um eine spezifisch papstkritische Tierallegorese handeln.

Die Wohn- und Repräsentationsräume im Französischen Bau

Die Raumstrukturen des Französischen Baus wurden seit seiner Entstehung kaum verändert. Sie sind trotz des Brandes 1982 weitgehend erhalten, wenngleich die zerstörten Holzbalkendecken nach 1990 durch Geschossdecken in Beton erneuert werden mussten. Für Besucher sind nach Sanierung und Restaurierung in den Jahren 2009 bis 2013 heute die herrschaftlichen Raumfolgen im Haupt- und Obergeschoss wieder zugänglich. Die Sanierung der Untergeschosse mit weiteren historischen Räumen, darunter dem Badetrakt, soll folgen.

Aus Plänen, Inventaren und Beschreibungen sind die renaissancezeitlichen Nutzungen der einzelnen Räume ebenso bekannt wie die davon abweichende, bei der Wiederherstellung unter Georg II. entwickelte Raumdistribution. Besonders im Hauptgeschoss mit den herzoglichen Wohnräumen zeigen sich in eindrücklicher Weise Unterschiede der Wohn- und Repräsentationskultur des 16. und des 19. Jahrhunderts. Das über die Große Wendelstiege zu erreichende sogenannte Untere Vestibül diente kontinuierlich als Vorraum, erhielt aber durch die historistische Ausstattung das Gepräge eines »Rittersaals«. Die frühneuzeitliche Tafelstube nutzte Georg II. als Audienzzimmer, die einstige Stube des Herzogs aber als Speisezimmer. Die beiden anschließenden Räume zeugen als ehemalige Kammern von der frühneuzeitlichen Praxis getrennter Schlafräume herrschaftlicher Paare. Georg II. richtete an ihrer Stelle den Salon der Freifrau sowie ein gemeinschaftlich genutztes Schlafzimmer ein. Die ehemalige Stube der Herzogin ließ er durch Einbau eines Korridors unterteilen, so dass talseitig das Ankleidezimmer der Freifrau und hofseitig das Zimmer der Zofe entstanden. Die Trennwände sind inzwischen wieder entfernt, doch wurden ihre Anschlussstellen bei der Restaurierung sichtbar gelassen. Das ehemalige Vorgemach der Herzogin wurde im 19. Jahrhundert zum Ankleidezimmer des Herzogs. Die neue Raumfolge endete mit einem Wasserklosett, das in den Übergang zum Heidenbau integriert war. Gleichzeitig wurden die renaissancezeitlichen Aborte abgebrochen und die Zugänge vermauert.

Die Raumausstattungen des Historismus und der darin integrierte renaissancezeitliche Sandsteindekor sind infolge von Brand und Verfall nur in Resten erhalten. Bei der Sanierung konnten allerdings zahlreiche im Brandschutt geborgene Ausstattungsteile rückgeführt werden. Zudem hatte der Brand frühneuzeitliche Baubefunde wie zum Beispiel die vermauerten Abortschächte zu Tage gefördert, die

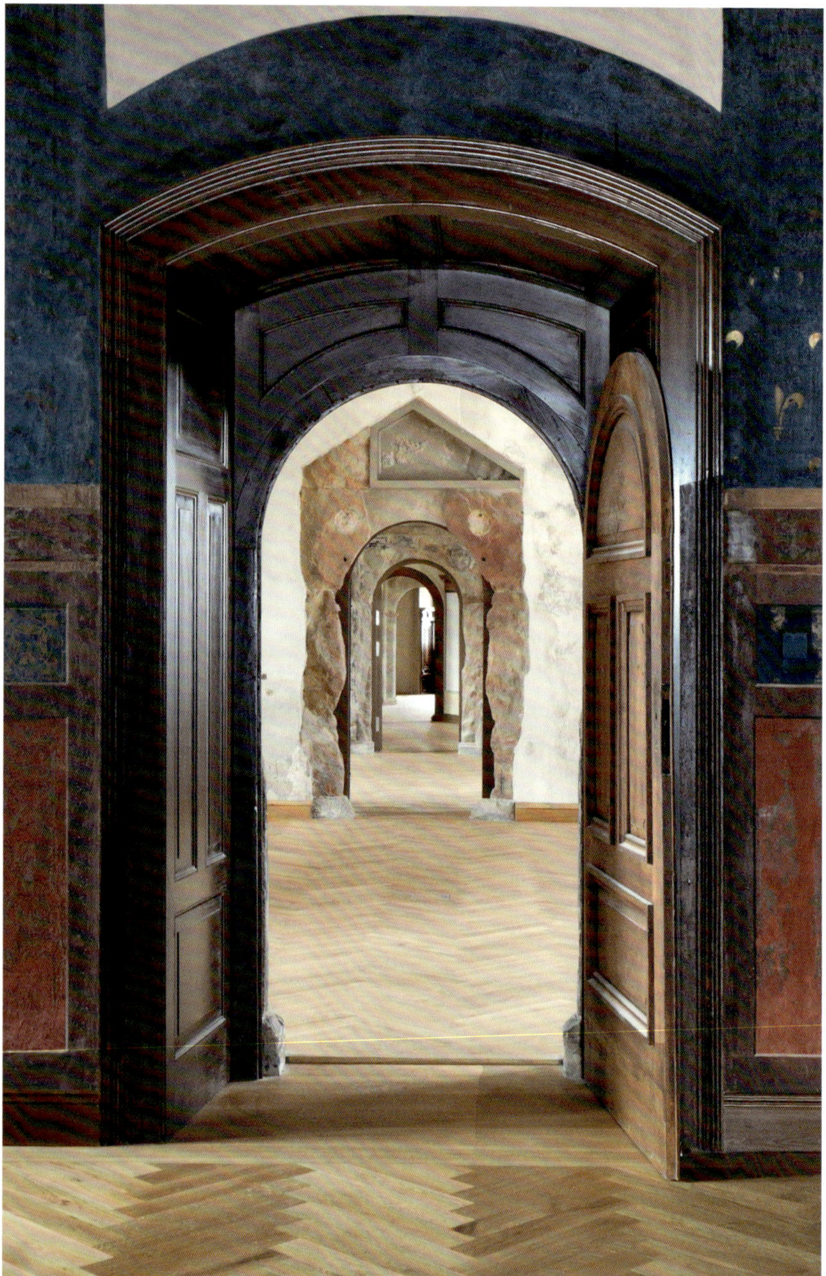

nun als »lesbare Fragmente« gleichberechtigt in das Restaurierungskonzept einbezogen sind. Die sanierten Räume zeugen von der rund vierhundertjährigen Nutzungsgeschichte einschließlich Brand und Wiederaufbau. Im Hauptgeschoss ist darüber hinaus die Ausstattung Georgs II. heute ansatzweise wieder nachvollziehbar.

Das Untere Vestibül gehört zu den wenigen Räumen, die in einem weitgehend restaurierbaren Zustand aus der Brandkatastrophe hervorgingen. Die Wandbemalung mit kräftig gedeckten Farben konnte mittels Retusche wiedergewonnen werden. Komplettiert wird der Eindruck durch eine vereinfachende Andeutung der einstigen Deckengestaltung, deren reich ornamentiertes Original nur noch in einem Randstreifen erhalten ist. Die heute freigelassenen Wandfelder waren ehemals stoffbespannt und mit Waffenarrangements geschmückt, was zur Bezeichnung als Rittersaal führte. Den Renaissancekamin mit Karyatiden und Jagdfries ließ Georg II. von anderer Stelle in das Vestibül versetzen und farbig fassen. Länger anhaltende Wärme spendete ein Kachelofen der Nürnberger Kunstgewerbefirma C. W. Fleischmann, der im Stil des Frühbarock gestaltet und nach seinem figürlichen Dekor als Weltteileofen benannt ist. Dieser ist erhalten und soll nach Restaurierung wiederaufgestellt werden.

Die anschließenden Wohnräume ließ der Meininger Herzog mit Holzvertäfelungen und wertvollen Prägetapeten nach dem Typus des altdeutschen Zimmers gestalten, was heute durch partiell wiederhergestellte Raumfassungen gezeigt wird. Besonders vielfältige Befunde enthält das Speisezimmer. An der Nordwand mit der Erkernische sind die historistischen Vertäfelungen und Bogengitter wiederhergestellt. Das Zentrum bildet der hier am ursprünglichen Standort erhaltene Renaissancekamin. Bocksbeinige Atlanten in volutierten Spangenkorsetts (sogenannte Männer im Stock) stützen als Konsolfiguren den reliefverzierten Architrav mit Darstellungen aus der Fabel des Reineke Fuchs. Der Kamin wurde im 19. Jahrhundert technisch modernisiert, und die Physiognomie der Atlanten wurde durch – damals technisch neuartige – Betonapplikationen verändert. An der Ostwand neben dem Portal findet sich der Überrest einer floralen Wandmalerei, die auf eine illusionistische Portaleinfassung in der Frühen Neuzeit schließen lässt. Wie im Speisezimmer wurden auch in den folgenden Räumen die rudimentär erhaltenen Holzvertäfelungen rückgeführt und zum Teil ergänzt, um die Gestaltungsidee zumindest anzudeuten. Einen geschlossenen Raumeindruck mitsamt

◀ Französischer Bau, Hauptgeschoss nach Osten

Kachelofen und wiederhergestellter Sitznische vermittelt schließlich das Ankleidezimmer des Herzogs, das die Freifrau 1886 als Überraschung zum 60. Geburtstag ihres Gemahls einrichten ließ. Angeregt von Georg Hirths Musterbuch *Das deutsche Zimmer der Renaissance* (1880) gab Helene konkrete Anweisungen zur Platzierung des Ofens und der daneben einzubauenden Sitznische.

In dem vom Brand stärker betroffenen Obergeschoss mit dem Großen Saal sind nur sehr rudimentäre Hinweise auf die verschiedenen Gestaltungsphasen erhalten. Eine Ausnahme bildet das Obere Vestibül, das Georg II. durch Unterteilung des Großen Saals eingefügt hatte. Brandgeschädigte Tapetenmuster und Fragmente der stuckierten Türrahmungen sowie die Grundkonstruktion des Kamins lassen die historistische Gestaltung nach dem Vorbild von Schloss Blois erahnen. Daneben finden sich unverputzte Wandbereiche mit Befunden aus der Frühen Neuzeit, als dieser Raum noch Teil des Großen Saals war. So erkennt man in der Südwand an der Westseite ein vermauertes Fenster, das auf den Plänen des 17. Jahrhunderts noch verzeichnet ist. Neben dem Portal zum Großen Wen-

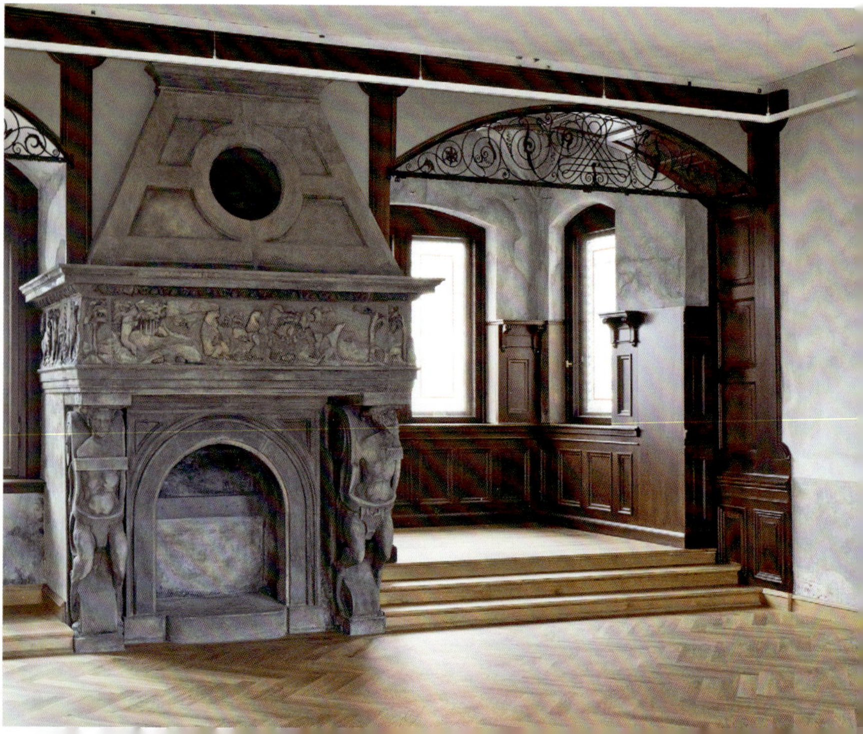

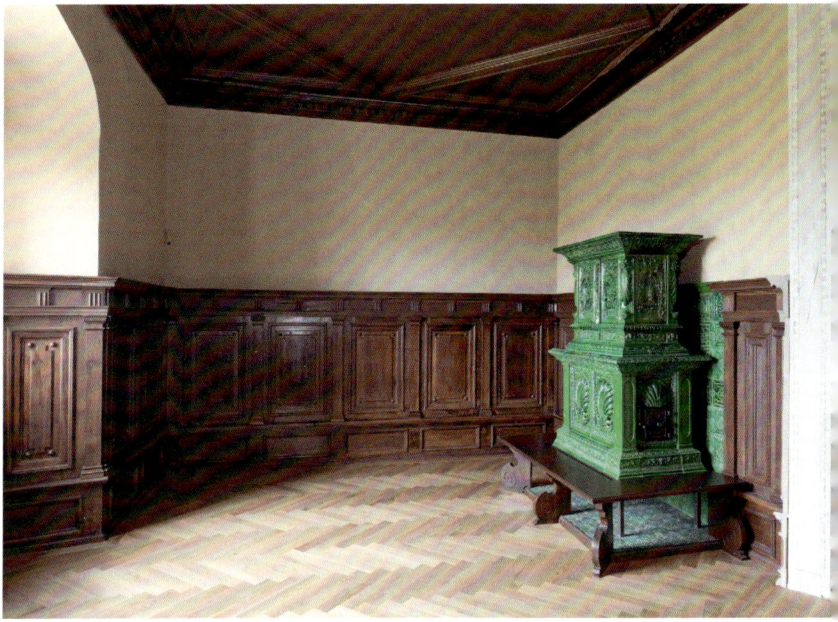

Französischer Bau, Ankleidezimmer des Herzogs

delstein ist gleichfalls eine nachträgliche Vermauerung sichtbar. Sie wird in der Literatur gelegentlich als Standort einer Sängerempore gedeutet, doch dürfte hier eher die Renaissancekanzel platziert gewesen sein, die später in die Schlosskirche im Heidenbau versetzt wurde. Die Doppelfunktion als Fest- und Predigtsaal war nicht ungewöhnlich. Interessant ist in diesem Zusammenhang, dass die Räume des Hofpredigers im Jungfernbau unmittelbar mit dem Saal verbunden waren. Ungeachtet der gottesdienstlichen Nutzung während der ersten rund 100 Jahre schmückten den Saal gemäß Inventar von 1618 nicht weniger als 66 Hirschgeweihe mit gemalten Köpfen und »4 Heng Leüchtern von Hierschgeweih«, was die Nutzung der Heldburg als Jagdschloss verdeutlicht.

Das Deutsche Burgenmuseum

Das Deutsche Burgenmuseum ist weltweit die erste Einrichtung, die die Entwicklung und Funktion von Burgen über den eigenen Bau und dessen Umgebung hinaus in einem Museum umfassend darstellt. An Beispielen aus dem deutschsprachigen Mitteleuropa zeigt das Museum, weshalb Burgen entstanden, wie sie sich im Laufe von Generationen immer wieder veränderten und wie man sie neuen Anforderungen anpasste. Die Funktion der Burgen als verteidigungsfähige Wohnsitze der Herrschaft steht im Mittelpunkt. Geschildert wird dies von den Anfängen des Burgenbaus bis in die Gegenwart. Dazu dienen eigens angefertigte Burgenmodelle, originale Objekte aus allen Gattungen – von Waffen über Möbel bis zum Kochgeschirr, historische Dokumente, alte Grafiken sowie aktuelle Abbildungen und moderne Medien. Ein wichtiger Bestandteil der Ausstellung sind die historischen Räume der Heldburg selbst, die für viele Ausstellungsthemen den passenden Rahmen bilden.

Die Idee zu einem Deutschen Burgenmuseum entstand 1997, als in Diskussionen mit dem Germanischen Nationalmuseum sowie der Wartburg-Gesellschaft, die sich mit der Erforschung von Burgen und Schlössern beschäftigt und die Vermittlung der Forschungsergebnisse für ein breites Publikum als ihre Aufgabe sieht, deutlich wurde, dass ein entsprechendes umfassendes und überregionales Museum nicht existiert. 2003 konnte die Heldburg als Museumsstandort festgelegt werden, doch es dauerte noch lange, bis eine finanzielle Basis für die Museumsgründung geschaffen werden konnte. Mitentscheidend waren private Sponsoren, insbesondere die NÜRNBERGER Versicherungsgruppe, die Firma HIPP, die einen Eltern-Kind-Raum auf der Heldburg trägt, die Sparkassen-Stiftung Hessen-Thüringen, die Ernst von Siemens-Kunststiftung und der Förderverein Veste Heldburg.

Für die Heldburg als Standort des Deutschen Burgenmuseums gibt es gute Argumente. Sie steht für viele burgentypische Entwicklungen und ist trotzdem ein einmaliges Bauwerk. Sie ist eine Höhenburg aus einzelnen Gebäuden, die erst spät untereinander verbunden wurden, hat eine Kapelle (durch Umbau sogar zwei), einen Tiefbrunnen und eine Zisterne, Wohnappartements und einen Saal. Pläne und Inventare belegen die Nutzung aller Innenräume seit dem 16. Jahrhundert. Eine nahezu kontinuierliche Nutzung zeigt, dass die Burg als befestigter Herrschaftssitz bis in das 18. Jahrhundert, als Herrschaftssitz generell sogar bis 1918 und als Wohnsitz bis 1945 genutzt wurde. Der Umstand, dass es sich nicht um eine Ruine handelt, erlaubt die Einrichtung eines Museums. Andererseits hat der Wiederaufbau nach dem tragischen Brand des Französischen Baues 1982 die Schaffung neutraler Räume auf historischem Grundriss bewirkt, die für ein Museum nötig sind.

Schon die Lage der Heldburg auf einem spitzen Kegel hoch über dem gleichnamigen Städtchen ist eine Einladung an den Besucher. In weiten Kehren windet sich die Straße zu ihr hinauf. Vom Parkplatz auf halber Berghöhe sind es wenige Schritte durch die äußere Befestigung bis zum Haupttor. Doch eigentlich bietet sich der Fußweg vom Tal-Parkplatz für Besucher an. Von dort geht man am Wirtschaftshof des 16. Jahrhunderts vorbei, der ein wichtiger Bestandteil des Komplexes der Heldburg ist, obwohl er mehrere Hundert Meter von der Burg entfernt liegt. Anschließend führt ein mittelalterlicher Hohlweg zur Burg hinauf, vorbei an historischen Steinbrüchen und an der barocken Außenbefestigung der Burg. Zuletzt durchschreitet man den Torzwinger, in den auch der Weg vom Hauptparkplatz mündet. Vorbei am Brunnenhaus des 16. Jahrhunderts mit einem der tiefsten Burgbrunnen Deutschlands gelangt man zum Haupttor der Burg.

Das Deutsche Burgenmuseum nimmt Räume in drei der vier Bauwerke der Heldburg ein. Eingangs- und Kassenraum befinden sich im Kommandantenbau links des Tores, Einführungsräume im Heidenbau gegenüber an der Nordseite der Anlage. Die einzelnen Räume zur Bedeutung der Ritter, der geistlichen Orden, des Wohnens in der Burg und der Burgen nach Ende des Mittelalters sind im Französischen Bau untergebracht.

Die Dauerausstellung des Deutschen Burgenmuseums befindet sich im Heidenbau (Einführung, derzeit auch Geschichte und Architektur der Burgen im Mittelalter) sowie im Französischen Bau (Ritter, Glaube, Burgkapellen und Ritterorden, Wohnen in der Burg, Burgen nach dem Mittelalter). Der Heidenbau bietet mit seiner spätmittelalterlichen Hülle sowie der barocken Schlosskapelle Platz für die einführenden Sequenzen des Burgenmuseums zum Thema »Burg« allgemein sowie speziell zur Heldburg. Die Einführung stellt die Vielfalt des Burgenbaus in Mitteleuropa dar.

Der großzügige Raum im Obergeschoss des Heidenbaus ist als Fläche für Sonderausstellungen vorgesehen; bis zur Fertigstellung der

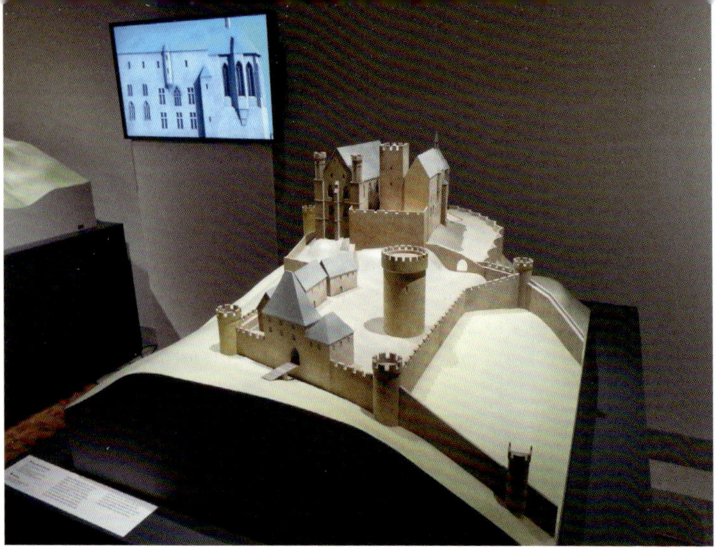

Modell der Burg Marburg im Zustand um 1300

beiden Untergeschosse des Französischen Baus finden hier die Ausstellungseinheiten zum Burgenbau, zur Burgenentwicklung und zu den wirtschaftlichen Grundlagen Platz. Wer hatte das Recht zum Bau einer Burg? Wie baute man eine Burg und warum? Dies sind die Ausgangsfragen des Deutschen Burgenmuseums. Welchen Zusammenhang gibt es zwischen dem mittelalterlichen Lehnswesen und den Burgen? Wie war überhaupt die Herrschaftsstruktur im Mittelalter? Die Wappen des Königs und Kurfürsten an der Spitze des Römisch-Deutschen Reichs wurden im 16. und 17. Jahrhundert auf Gläsern und Krügen dargestellt, für die Erläuterung der Lehnspyramide sind dagegen moderne Medien erforderlich. Es wird über Ämter und Funktionen berichtet, und Themen wie das Lehnswesen, die für den Burgenbau äußerst wichtig sind, werden beispielhaft illustriert.

Zum Thema »Bauen einer Burg« kann das Museum auf alte Werkzeuge und historische Abbildungen zurückgreifen; Baupläne gibt es erst ab dem späten 15. Jahrhundert und werden in Reproduktionen zu sehen sein. Um aus einem Felsblock einen Quader herauszuschälen, sind unterschiedlichste Arbeitsvorgänge und Werkzeuge erforderlich. Heben und Montieren von Quadern mit einem »Wolf« oder einer Steinzange hinterlassen an den Bauwerken markante Spuren, die sogar ein Datierungskriterium sind. Bemerkenswert sind aber auch ungewöhnliche Baumaterialien, beispielsweise mittelalterliche Backsteine von Burgen aus dem Mittelgebirge und dem Alpenraum.

Der wichtigste Ausstellungsteil des Deutschen Burgenmuseums behandelt mit maßstabsgetreuen Modellen die Entwicklung des Burgenbaus. Die Vielfalt der Burgentypen und Bauformen lässt sich so vom Ende des Frühmittelalters bis zur Neuzeit darstellen. Die Modelle reichen von der Burg bei Haus Meer (Niederrhein, um 1000) über die Wartburg, Nürnberg, Marburg und Burg Eltz, die Heldburg selbst, Schloss Varenholz (Lippe) und Rheda (Ostwestfalen) bis Neuschwanstein.

Der Französische Bau wurde um 1560 außen an die ehemalige Burgmauer angefügt, so dass von seinen insgesamt vier Geschossen zwei unterhalb des Hofniveaus und zwei darüber liegen. Verbunden werden diese durch eine große und eine kleine Wendeltreppe, die jeweils am Ende der Raumfluchten angeordnet sind, so dass sich die Möglichkeit eines Rundgangs ergibt. Nachdem die bauliche Sanierung in zwei Phasen erfolgte, stehen derzeit die beiden Obergeschosse für die Dauerausstellung zur Verfügung, während die beiden unteren Geschosse mit dem Appartement der Badestube erst später hinzukommen. Im weiteren Ausbau sind auch Arbeitsplätze mit einer bereits im Aufbau befindlichen Bibliothek vorgesehen.

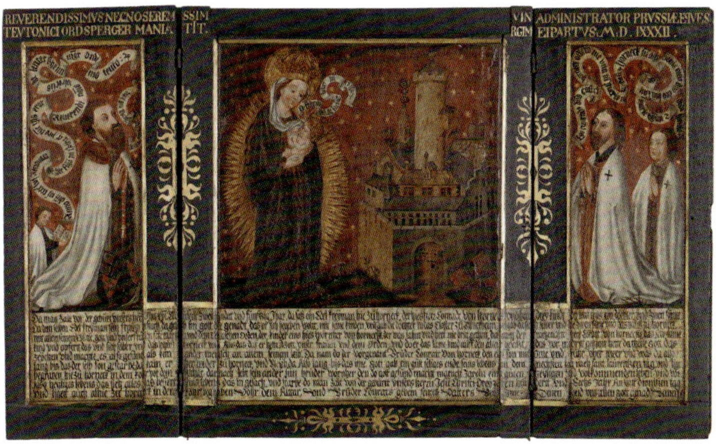

»Hornecker Altar«, dreiflügeliges Votivbild aus der Deutsch-Ordensburg Horneck/Neckar, 1456

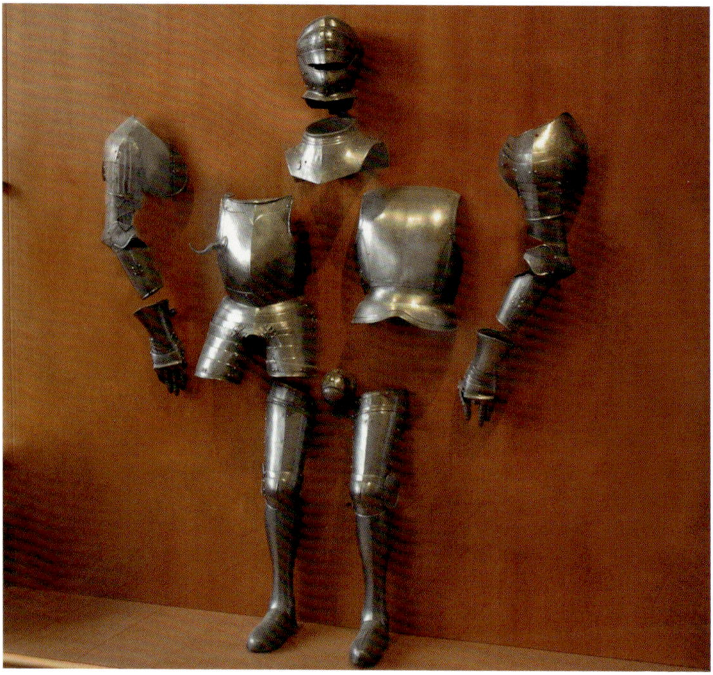

Zerlegter Harnisch, 16. Jahrhundert (provisorische Aufstellung 2015)

Im obersten Geschoss des Französischen Baus wird der »Ritter« thematisiert. Wer konnte Ritter werden? Wie wurde man Ritter, was sind die Aufgaben des Ritters, war jeder Adlige Ritter und ist jede Burg eine Ritterburg? Welche Rolle spielten das Kriegswesen, die Turniere, wie stand es um die ritterlichen Tugenden und Gläubigkeit der Ritter? Zum Thema des Glaubens gehören insbesondere die Ritterorden von den Kreuzzügen ins Heilige Land bis zum Deutschen Orden in Preußen und im Baltikum. Neben Informationen zu den Kreuzzügen ins Heilige Land und innerhalb Europas findet der Besucher Objekte vom spätgotischen Deutsch-Ordens-Altar bis zur modernen Johanniter-Jacke.

Ausgehend von einer Inszenierung zweier kämpfender Ritter wird nicht nur die Ausbildung vom Knappen bis zum Ritterschlag gezeigt, sondern auch die Panzerung und Bewaffnung, die sich in den Jahrhunderten des Mittelalters stark gewandelt hat. Klischees von der schweren Rüstung, die einen Kran zur Besteigung des Pferdes erfordern, werden korrigiert, denn Kampfrüstungen waren mit rund zwölf bis 15 Kilogramm relativ leicht und erlaubten hohe Beweglichkeit.

Die historischen Räume des Französischen Baus erlauben einen unmittelbaren Blick auf frühere Wohnverhältnisse vom Festsaal über Stube und Kammer bis hin zu den Abtritten. Das Appartement aus Stube und Kammer stammt hier zwar erst aus der Zeit um 1560, lässt sich in Mitteleuropa jedoch nach heutigem Forschungsstand wenigstens bis in die Mitte des 13. Jahrhunderts zurückverfolgen. Allerdings gibt es bislang kaum eine Burg, in der man etwas über Wohnräume erfahren kann. Das Deutsche Burgenmuseum leistet hier Pionierarbeit.

Ein weiterer innovativer Aspekt betrifft die Frage nach dem vermeintlichen »Ende der Burg«. Dieses sah man bisher in den Jahrzehnten um 1500 gegeben. Doch was geschah mit den Burgen danach? Ein Großteil der Burgen wurde auch im 16. und 17. Jahrhundert als verteidigungsfähiger Wohnsitz weitergenutzt und tatsächlich erst um 1700 oder oft sogar erst im 18. Jahrhundert aufgegeben. Einige wurden

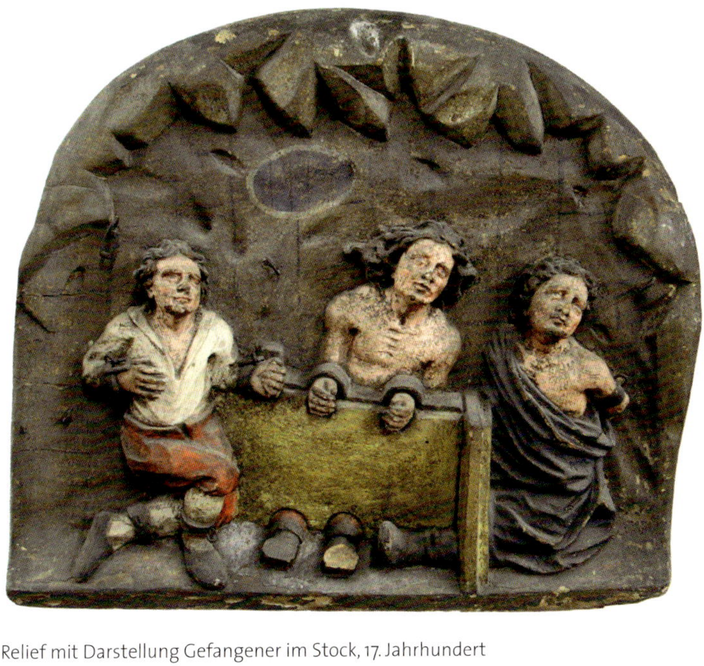

Relief mit Darstellung Gefangener im Stock, 17. Jahrhundert

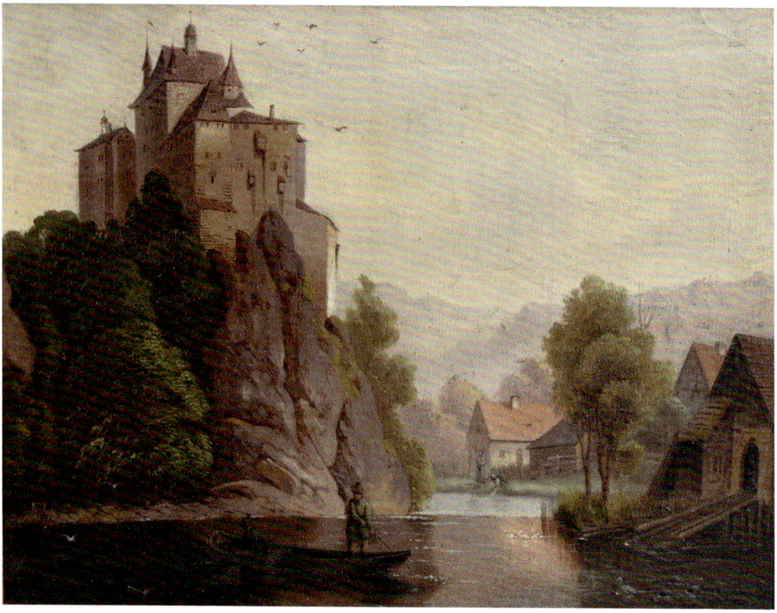

Burg Kriebstein in Sachsen, Ölgemälde, Mitte 19. Jahrhundert

militärisch perfektioniert und es entstanden Festungen, in denen ab dem 17. Jahrhundert nur noch Soldaten lebten. Wieder andere Burgen überstanden als Jagdsitz oder als Amtssitz. In Amtssitzen wurde auch Gericht gehalten. Hier beginnt im Laufe des 16. Jahrhunderts die unrühmliche Geschichte der Folter in Burgen, die bis zum 18. Jahrhundert währen sollte. Das Burgenmuseum präsentiert diese Aspekte mit historischen Lehrbüchern – beispielsweise zur Folter – und historischen Objekten.

Während im 18. Jahrhundert viele Burgen verfielen, setzten gleichzeitig Burgenromantik und Burgenforschung ein. Zunehmende Burgenbegeisterung führte ab dem 18. Jahrhundert verstärkt zum Besuch von Burgen und Ruinen und somit zu einem frühen Burgen-Tourismus. Um 1700 wurden erste Burgenführer gedruckt. Die Geschichte der Burgenforschung setzt nicht in der Mitte des 19. Jahrhunderts, sondern im späten 16. Jahrhundert ein. Das Museum stellt dies anhand von Originalwerken dar.

Mit dem Neubau künstlicher Burgruinen durch die Landgrafen von Hessen in den Schlossparks von Wilhelmsbad bei Hanau und Wilhelmshöhe bei Kassel begann im späten 18. Jahrhundert auch die Phase von Erneuerungen sowie Nach- und Neubauten, mit Höhepunkten in der restaurierten Burgruine von Stolzenfels bis zur kompletten Neuschöpfung von Neuschwanstein. Wesentlich später, im Nationalsozialismus, sollten Burgen die völkische und rassistische Ideologie unterstützen, doch sehr viel stärker haben im 20. Jahrhundert und insbesondere im letzten halben Jahrhundert Tourismus, Burgenforschung und Denkmalpflege den Umgang mit den Burgen bestimmt, die heute zu den beliebtesten Wochenendzielen Mitteleuropas gehören.

Der Rundgang durch das Museum liefert damit einen Überblick über die Entwicklung mitteleuropäischer Burgen von den greifbaren Anfängen im frühen Mittelalter bis zum »Nachleben« im 19. und 20. Jahrhundert. Das Burgenmuseum kann durch hervorragende Leihgaben namentlich des Germanischen Nationalmuseums in Nürnberg und des Deutschen Historischen Museums in Berlin sowie zunehmend auch durch eigene Bestände die Kontinuität und Bedeutung der Burgen bis in die Neuzeit erklären – ein Aspekt, der für viele Besucher und selbst manche Burgenkenner neu ist, hielt man Burgen doch lange für ein rein mittelalterliches Phänomen. Dafür ist die Heldburg selbst ein herausragendes Beispiel, da sie im frühen 18. Jahrhundert nochmals befestigt und im späten 19. Jahrhundert renoviert und neu ausgestattet wurde. Einige dieser Raumausstattungen sind erhalten oder wurden wiederhergestellt.

Den Schluss bildet ein Blick auf die Burgen »gestern, heute und morgen«, eingerahmt von alten Kopien der Schwind-Fresken von der Wartburg. Dazu sind Bereiche vorgesehen, die mit modernen Medien Informationen zu wichtigen Burgen in Thüringen und Franken, also dem unmittelbaren Einzugsgebiet der Heldburg, in Mitteleuropa sowie darüber hinaus zu ausgewählten Anlagen weltweit bieten. Den Abschluss des Rundgangs bilden eine Besichtigung der spätmittelalterlichen Burgkapelle mit 1942 erneuerten Wandgemälden aus dem frühen 16. Jahrhundert sowie der Burgturm mit einem Ausblick bis weit nach Franken. Das Deutsche Burgenmuseum soll damit zur Anlaufstelle für burgenbegeisterte Menschen jeden Alters werden und eine Verknüpfung zwischen touristischer Neugier und Burgenforschung bieten.

Zeittafel

837 Erste urkundliche Erwähnung der späteren Stadt Heldburg (»villa Helidberga«)

1152 Urkundliche Erwähnung der »paarochia Heilpurg« lässt auf Bestehen einer Burg am Ort schließen

1317 Erste urkundliche Erwähnung der Veste Heldburg im Urbar der »Neuen Herrschaft« von Fürstgraf Berthold VII. von Henneberg-Schleusingen. Die Heldburg wird Amtssitz. Möglicherweise in diesem Zusammenhang erfolgte die – archäologisch in die Zeit um 1300 datierbare – Veränderung der Burg von einer zweigeteilten Anlage in eine ungeteilte

1353 Heldburg gelangt an die Burggrafen von Nürnberg

1374 Heldburg gelangt an die Wettiner

1485 Bei der Leipziger Teilung kommt Heldburg an die ernestinische Linie der Wettiner

1486–1512 Unter Kurfürst Friedrich dem Weisen bedeutende Bauphase und Entwicklung der Heldburg zur Nebenresidenz

Um 1490 Umfangreiche Arbeiten am Kommandantenbau und Errichtung eines zweigeschossigen Fachwerkaufbaus auf dem Jungfernbau

1501–1507 Bau einer neuen Zisterne

1502–1510 Neuausstattung der Burgkapelle im Jungfernbau

1509/10 Errichtung des Heidenbaus

1520 Kurfürst Friedrich der Weise und sein Bruder Johann der Beständige besuchen mit Landgraf Philipp von Hessen und großem Gefolge die Veste Heldburg

1558–1565 Unter Herzog Johann Friedrich II. Ausbau der Burg zum repräsentativen Bergschloss nach Entwürfen von Hofbaumeister Nikolaus Gromann

1558–1564 Bau des Brunnens mit erstem Brunnenhaus sowie Bau der Zisterne im Hof. Baumaßnahmen an Jungfern- und Kommandantenbau, Küchen- und Heidenbau

1561–1565 Errichtung des »Neuen Baus« (Französischer Bau)

Um 1600 Unter Herzog Johann Casimir von Sachsen-Coburg bevorzugte Nutzung der Veste Heldburg als Jagdschloss

1632–1637 Mehrmalige Eroberung und Plünderung der Veste Heldburg im Dreißigjährigen Krieg durch kaiserliche Truppen

1663–1665 Unter Herzog Ernst dem Frommen von Sachsen-Gotha Einrichtung einer protestantischen Schlosskirche im Heidenbau sowie Projekt eines Festungsbaus (bis 1670, unvollendet)

1680–1684 Veste Heldburg ist neben weiteren Orten Interimsresidenz von Herzog Ernst von Sachsen-Hildburghausen

1712–1724 Erneutes Projekt eines Festungsbaus und Nutzung der Heldburg als Garnisonstandort (ab 1717)

1826 Heldburg gelangt bei der Neugliederung der ernestinischen Territorien an Sachsen-Meiningen

1835 Unter Herzog Bernhard II. Beginn bestandserhaltender Maßnahmen und burgenromantischer Akzentuierung

1838 Abbruch des Küchenbaus und Errichtung der zinnenbewehrten Aussichtsterrasse

1842 Beschluss zur waldparkartigen Gestaltung des Burgbergs

1846 u. 1864 Restaurierung des Herrenerkers und Frauenerkers am Französischen Bau

1871 Veste Heldburg wird aus dem staatlichen Domänenvermögen in das (unveräußerliche) Eigentum des Hauses Sachsen-Meiningen überführt

1875–1900 Unter Herzog Georg II. Wiederherstellung der Veste Heldburg im Sinne des Historismus

1875 Beginn der Neugestaltung der Schlossräume

1876/77 Instandsetzung des Brunnens, neugotische Überformung des Brunnenhauses

1876–1897 Veränderung der Silhouette der Veste Heldburg: 1876 Abriss der Fachwerkobergeschosse des Jungfernbaus und Anlage einer zinnenbewehrten Dachterrasse; 1895 Erhöhung des Hexenturms; 1897 Erhöhung des Hausmannsturms

1895–1898 Einrichtung der Freifraukemenate im Kommandantenbau

1899 Ausführung des Wandbilds »Heiliger Georg« an der Stirnwand des Kommandantenbaus durch Arthur Fitger

1928–1945 Veste Heldburg ist Wohnsitz der Familie Georgs III.

1940–1942 Wiederherstellung der 1558 aufgelassenen Burgkapelle im Jungfernbau und Einrichtung einer Familiengrablege im darunter gelegenen Geschoss

1945 Verstaatlichung der Veste Heldburg, Nutzung als Verwaltungsgebäude und Museum

1953 Einzug einer sowjetischen Kommandantur. Mobiliar und Kunstgegenstände werden auf verschiedene Thüringer Museen verteilt

1955–1982 Nutzung als Kinderheim

1982 Zerstörung des Französischen Baus durch einen Großbrand. Anschließend mehrjähriger Verfall

1990 Aufnahme umfangreicher Sicherungs- und Sanierungsmaßnahmen an der Gesamtanlage auf Initiative des Bayerischen Landesamts für Denkmalpflege und der Messerschmitt Stiftung München

1994 Übertragung der Veste Heldburg an die Stiftung Thüringer Schlösser und Gärten

2006 Die nach der Enteignung aufgehobene Familiengrablege des Hauses Sachsen-Meiningen wird wiederhergestellt

2009–2013 Sanierung der Veste zur Einrichtung des Deutschen Burgenmuseums mit Fördermitteln des Europäischen Fonds für Regionale Entwicklung

2016 Eröffnung des Deutschen Burgenmuseums

Regententafel

Die Grafen von Henneberg und die Burggrafen von Nürnberg auf der Veste Heldburg

Berthold VII., Fürstgraf von Henneberg-Schleusingen (1284–1340)

Heinrich VIII., Graf von Henneberg-Schleusingen (1340–1347) ⚭ Jutta von Brandenburg-Salzwedel

Jutta von Brandenburg-Salzwedel, verwitwete Gräfin von Henneberg-Schleusingen (1347–1353)

Albrecht von Hohenzollern, Burggraf von Nürnberg (gest. 1361) ⚭ Sophie von Henneberg-Schleusingen (gest. 1372), Tochter von Heinrich VIII. und Jutta

Die Wettiner auf der Veste Heldburg

Balthasar, Markgraf von Meißen und Landgraf zu Thüringen (1349/1382–1406) ⚭ 1374 Margaretha von Hohenzollern, Tochter von Albrecht von Hohenzollern und Sophie von Henneberg-Schleusingen

Friedrich der Friedfertige, Markgraf von Meißen und Landgraf zu Thüringen (1406–1440), hinterlässt die Landgrafschaft Thüringen seinen Neffen, Kurfürst Friedrich dem Sanftmütigen und Herzog Wilhelm dem Tapferen

Wilhelm der Tapfere, Herzog von Sachsen (1445–1482), erhält bei der Altenburger Teilung 1445 die wettinischen Länder in Thüringen und Franken, welche er seinen Neffen, Kurfürst Ernst und Herzog Albrecht, hinterlässt

Ernst, Kurfürst von Sachsen (1464–1486), Begründer der ernestinischen Linie des Hauses Wettin

Friedrich der Weise, Kurfürst von Sachsen (1486–1525)

Johann der Beständige, Kurfürst von Sachsen (1525–1532)

Johann Friedrich I., der Großmütige, Kurfürst von Sachsen (1532–1547), Herzog von Sachsen (1532–1547/1554), überlässt den coburgischen Landesteil einschließlich Heldburgs 1541 seinem Halbbruder Johann Ernst, Herzog von Sachsen-Coburg (1541–1553)

Johann Friedrich II., der Mittlere, Herzog von Sachsen (1547/1554–1567)

Johann Wilhelm, Herzog von Sachsen-Weimar (1567–1573), regiert über den coburgischen Landesteil bereits seit 1566, muss diesen bei der Erfurter Teilung 1572 an die bis 1586 vormundschaftlich regierten Söhne Johann Friedrichs II. abtreten

Johann Casimir, Herzog von Sachsen-Coburg (ältere Linie) (1586–1633), hinterlässt das Herzogtum seinem Bruder Johann Ernst, Herzog von Sachsen-Eisenach (ältere Linie) (1596–1638). Nach dessen Tod fällt die Veste Heldburg an die Linie Sachsen-Weimar, die sich 1640 teilt

Albrecht, Herzog von Sachsen-Eisenach (mittlere Linie) (1640–1644)

Ernst I., der Fromme, Herzog von Sachsen-Gotha (1640–1675), erhält 1645 die Hälfte des Fürstentums Sachsen-Eisenach mit der Veste Heldburg zugesprochen

Ernst, Herzog von Sachsen-Hildburghausen (1680–1715)

Ernst Friedrich I. von Sachsen-Hildburghausen (1715–1724)

Bernhard II. Erich Freund, Herzog von Sachsen-Meiningen (1821/1826–1866), erhält bei der territorialpolitischen Neuordnung der ernestinischen Herzogtümer 1826 den Großteil von Sachsen-Hildburghausen

Georg II., Herzog von Sachsen-Meiningen (1866–1914) ⚭ 1873 in dritter Ehe Helene (Ellen) Franz, Freifrau von Heldburg (1839–1923)

Bernhard III., Herzog von Sachsen-Meiningen (1914–1918), Sohn von Georg II. aus dessen erster Ehe mit Charlotte von Preußen

Georg (III.), Prinz von Sachsen-Meiningen, Enkel Georgs II. aus dessen zweiter Ehe mit Feodora von Hohenlohe-Langenberg, bewohnt mit seiner Familie 1926–1945 die Veste Heldburg

Weiterführende Literatur

Bauer, Elias Christoph: Heldburg bei Hildburghausen im Sachsen-Hildburghäusischen, in: Die Ritterburgen und Bergschlösser Deutschlands, hg. von Friedrich Gottschalck, Bd. 6, Halle 1825, S. 31–45.

Brückner, Georg: Landeskunde des Herzogthums Meiningen, 2. Teil: Die Topographie des Landes, Meiningen 1853.

Hofmann, Friedrich: Die fränkische Leuchte und fränkischer Rittertrotz. Ein deutsches Geschichtsbild, in: Die Gartenlaube, 1872, H. 7, Berlin 1872, S. 112–115.

Lübke, Wilhelm: Geschichte der deutschen Renaissance, Stuttgart 1872.

Gröschel, Julius: Nikolaus Gromann und der Ausbau der Veste Heldburg 1560–1564 mit den Bau-Urkunden des Burgarchivs von 1558–1566, Meiningen 1892.

Fritze, Eduard: Die Veste Heldburg, in: Bau- und Kunstdenkmäler Thüringens, H. 31, hg. von Georg Voss, Jena 1904, S. 287–327.

Reß, Ludwig: Geschichte und Beschreibung der Feste Heldburg, nebst Führer durch die Feste und Stadt Heldburg und Umgebung, Hildburghausen o.J. [ca. 1912].

Wennig, Wolfgang: Schmuckformen der thüringischen Baukunst im 16. und beginnenden 17. Jahrhundert, Würzburg 1939.

Höhn, Alfred: Die Burgenpolitik der Henneberger beim Aufbau der Herrschaft Coburg, in: 900 Jahre Henneberger Land 1096–1996, Jahrbuch des Hennebergisch-Fränkischen Geschichtsvereins, Bd. 11, Münnerstadt 1996, S. 201–213.

Unbehaun, Lutz: Leben und Werk des Baumeisters Nikolaus Gromann. Ein Beitrag zur thüringischen Kunstgeschichte, in: Jahrbuch der Coburger Landesstiftung, 1993, S. 335–368.

Georg II. und der Historismus. Ein Kulturdenkmal im zweiten deutschen Kaiserreich, Katalog der Ausstellung Meiningen 1994, Red. Alfred Erck und Andrea Jakob, Meiningen 1994.

Garenfeld, Günter: Veste Heldburg. Bericht zur Restaurierung 1990 bis 1994, Arbeitshefte des Thüringischen Landesamtes für Denkmalpflege 1/1996.

Erck, Alfred; Schneider, Hannelore: Georg II. von Sachsen-Meiningen. Ein Leben zwischen ererbter Macht und künstlerischer Freiheit, Zella-Mehlis/Meiningen 1997.

Schmidt, Michael: »an die maler gein Helpurg«. Die Burgkapelle der Veste Heldburg und die Fresken Lucas Cranachs des Älteren. Bauforschung und Sanierung, in: Jahrbuch der Stiftung Thüringer Schlösser und Gärten, Bd. 4, Lindenberg 2001, S. 26–38.

Unbehaun, Lutz: Nikolaus Gromann und der Schlossbau unter den Ernestinern im 16. Jahrhundert, in: Von der Burg zum Schloss. Landesherrlicher

und adeliger Profanbau in Thüringen im 15. und 16. Jahrhundert, hg. von Heiko Laß, Bucha bei Jena 2001, S. 133–150.
Veste Heldburg. Amtlicher Führer der Stiftung Thüringer Schlösser und Gärten, bearb. von Michael Schmidt, 1. Auflage, München/Berlin 2001.
Büttner, W.; Moos, U.: Hallstatt und Latrinen auf der Veste, in: Archäologie in Deutschland, 2003, H. 4, S. 57.
Schmidt, Michael: Die Veste Heldburg, der spätromantische Historismus und König Ludwig II. von Bayern, in: Jahrbuch der Stiftung Thüringer Schlösser und Gärten, Bd. 6, Lindenberg 2003, S. 88–106.
Grohmann, Inge: Fränkische Leuchte. Erzählte Geschichte der Veste Heldburg, Norderstedt 2008.
Hopf, Udo: »Nach diesem Riß ist der Anfang gemachet«. Der Festungsbau am Schloss Heldburg 1663/64, in: Jahrbuch der Stiftung Thüringer Schlösser und Gärten, Bd. 11, Regensburg 2008, S. 119–123.
Hagenguth, Claudia: Die Veste Heldburg in der Regierungszeit Herzog Johann Casimirs von Sachsen-Coburg, in: Die Burg zur Zeit der Renaissance, Forschungen zu Burgen und Schlössern, Bd. 13, Berlin/München 2010, S. 51–60.
Grohmann, Inge: Die Veste Heldburg als bevorzugte Nebenresidenz, in: Jahrbuch der Stiftung Thüringer Schlösser und Gärten, Bd. 14, Regensburg 2011, S. 167–179.
Hagenguth, Claudia: Die Veste Heldburg, in: Das Heldburg-Buch. Beiträge zur 1175-jährigen Stadtgeschichte, Bad Colberg-Heldburg 2012, S. 55–95.
Burgen im Historismus. Die Veste Heldburg im Kontext des Historismus, Jahrbuch der Stiftung Thüringer Schlösser und Gärten, Bd. 16, Regensburg 2013.
Die Veste Heldburg. Burganlage – Bergschloss – Deutsches Burgenmuseum. Beiträge zur Erforschung und Sanierung, Berichte der Stiftung Thüringer Schlösser und Gärten, Bd. 11, Petersberg 2013.
Fuchs, Norbert Klaus: Das Heldburger Land. Fränkisch-Thüringische Geschichte(n). Ein historischer Reiseführer, 2. Auflage, Bad Langensalza 2013.
Nagel, Franz: Zwischen Brandwunde und Raumkunst. Die Restaurierung der Innenräume des Französischen Baus auf der Veste Heldburg, in: Jahrbuch der Stiftung Thüringer Schlösser und Gärten, Bd 17, Regensburg 2014, S. 163–167.
Hopf, Udo: Zwischen Gotha und St. Gotthard – Der Türkenkrieg 1663/64 und die Defensionsmaßnahmen in Thüringen, in: Jahrbuch der Stiftung Thüringer Schlösser und Gärten, Bd. 18, Regensburg 2015, S. 235–249.
Seidel, Mathias u. a.: Ein Stollen unter der Veste Heldburg, Lkr. Hildburghausen. Archäologische und naturwissenschaftliche Untersuchungen, in: Neue Ausgrabungen und Funde in Thüringen, H. 8, 2014/15, S. 225–238.

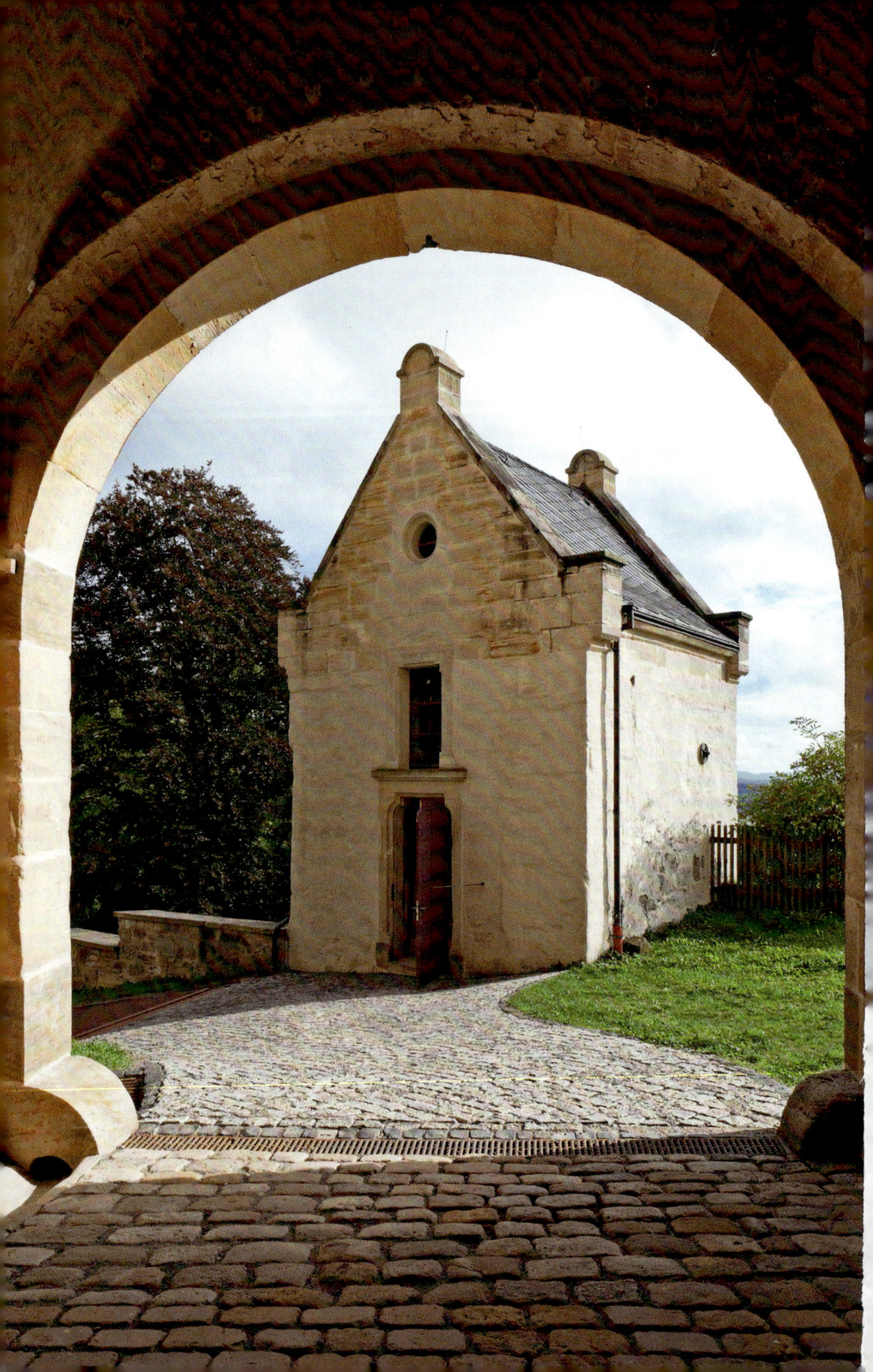